Schuld und Haftung
im geltenden Recht.

Von

Dr. Claudius Frhr. von Schwerin,
Privatdozent an der Universität München
und Dozent an der Handelshochschule München.

1911.
München und Berlin.
J. Schweitzer Verlag (Arthur Sellier).

Schuld und Haftung
im geltenden Recht.

Von

Dr. Claudius Frhr. von Schwerin,

Privatdozent an der Universität München
und Dozent an der Handelshochschule München.

1911.

München und Berlin.

J. Schweitzer Verlag (Arthur Sellier).

Vorbemerkung.

Die folgenden Erörterungen geben im wesentlichen einen im akademisch-juristischen Verein gehaltenen Vortrag wieder. Sie sind durch einige sachliche Bemerkungen wie durch Literaturangaben vermehrt. Ihr Zweck ist, das Problem von Schuld und Haftung in den Grundlinien wiederholt aufzurollen, Anregungen zur Weiterarbeit und zum fördernden Widerspruch zu geben. Weder das Thema noch die Literatur sollte und konnte in diesem Rahmen erschöpft werden.

München, Dezember 1910.

v. Schwerin.

I.

Die Begriffe Schuld und Haftung sind heutzutage wenigstens insoweit Gemeingut der Jurisprudenz, als den meisten Juristen die Tatsache bekannt ist, daß nach einer Lehrmeinung zwischen der Schuld eines Schuldners und der Haftung für diese Schuld ein begrifflicher Unterschied bestehe. Auch darüber ist man sich in der Wissenschaft so ziemlich einig, daß ein solcher Unterschied das ältere deutsche, griechische und römische Recht beherrscht hat.[1]) Dagegen tobt noch ein lebhafter Streit, ob im geltenden Recht diese verschiedenen Begriffe wiederzufinden seien.[2]) Die Gründe, aus denen man die Frage verneint, sind verschiedene. So wird darauf hingewiesen, daß die Terminologie von „schulden" und

---

[1]) Die deutschrechtliche Literatur stellt zusammen O. Gierke, Schuld und Haftung im älteren deutschen Recht. (Hiezu die Besprechung von v. Amira ZRG. XXXI, 484 ff., die mir durch die Güte des Verfassers während der Korrektur zugänglich wurde.) Hervorzuheben sind v. Amira, Nordgermanisches Obligationenrecht I, II; Puntschart, Schuldvertrag und Treugelöbnis; Stobbe-Lehmann, D. Pr. R. III, 103 ff.; Solmi, Storia del diritto italiano 396. Über das römische Recht vgl. Siber, Rechtszwang im Schuldverhältnis 1 ff.; ders. Jahrb. f. Dogm. I, 55, wozu noch zu vergleichen Brinz, GGA. 1885, 518—580. Über das griechische Recht vgl. Partsch, Griechisches Bürgschaftsrecht I.

[2]) Dafür v. Amira, Rez., Bekker, Jahrb. f. Dogm. XLIX 51 ff., Dernburg, BR. III⁴, 689 (für die Grundpfandrechte; ders. a. R. II, I⁴, 2 f. für die Schuldverhältnisse); Dümchen, Jahrb. f. Dogm. LIV, 355 ff.; Gierke bei Holtzendorff-Kohler I, 521 f.; ders., Deutsches Priv.R. II, 851 ff. und sonst; Krückmann, Jahrb. f. Dogm. LVII, 1 ff. (mit erheblichen Modifizierungen); Kuhlenbeck bei Staudinger, Kommentar II⁵, 2 ff.; Linsmayer, Grund und Umfang der Haftung wegen Benachteiligung der Gläubiger, 58 ff.; Müller-Meikel, Das bürgerl. Recht d. D. Reiches I², 213 ff.; Pappenheim, Handb. d. Seerechts (passim); ders., Ztschr. f. HR. XLVII, 142 ff.; Puntschart, Der Grundschuldbegriff des deutschen Reichsrechts; ders., Pfandrechte an eigener Sache; Riezler bei Staudinger, Kommentar I⁵ Anm. zu § 222; Schulz, Arch. f. zivilist. Praxis Bd. CV, 266 ff.; v. Schwind, Wesen und Inhalt des Pfandrechts 1 ff.; v. Seuffert, Jahresb. der jurist. Gesellschaft München 1898—1901, 236 ff.;

„haften" in diesem Sinne der geltenden Gesetzgebung fremd sei;[3]) als ob es nicht Rechtsbegriffe geben könnte, die keinen klaren Ausdruck in der Terminologie finden. Oder man stellt darauf ab, daß heutzutage der Schuldner „regelmäßig" auch hafte, die Unterscheidung also überflüssig sei.[4]) Der wahre Grund aber scheint der zu sein, daß die Begriffe selbst, die man ablehnt, nicht genügend bekannt sind.[4a]) Diese Lücke auszufüllen, soll das Folgende versuchen.

Die Schuld ist sprachlich ein Sollen. Nicht gesagt ist zunächst, was soll, wer soll, ob überhaupt jemand soll. Daß dies letzterwähnte der Fall sein muß, liegt im Begriff des Sollens nicht ohne weiteres, wohl aber, sobald man sich über die Frage „was soll" klar geworden ist. So wie die Theorie von Schuld und Haftung das „Sollen" faßt, ist es der Ausdruck dafür, daß durch eine Leistung zu rechter Zeit und am rechten Ort der dem objektiven Recht entsprechende Zustand hergestellt wird.[5]) Oder umgekehrt und konkreter gesehen: leistet A dem B 100 und beruht diese Leistung auf einem Sollen, dann muß auch die Rechtsordnung den B dem A gegenüber im Behalten der Leistung schützen. B ist nicht ungerechtfertigt bereichert; er hat soluti retentionem. Und ganz allgemein gesprochen: das Recht schützt den Zustand, der durch ein dem Sollinhalt entsprechendes Handeln herbeigeführt

ders., Deutsches Konkursprozeßrecht 432 ff. (passim); Strohal, Jahrb. f. Dogm. LVII, 231 ff. insbes. 274 ff. Vgl. noch die sachlich sehr guten Ausführungen, die Hellwig, Lehrbuch des Zivilprozeßrechts I, 223 ff. zur Haftung macht, ohne nähere Bezugnahme auf die hier erörterte Theorie. Zweifelnd Oertmann, Recht der Schuldverhältnisse 3/4 3 ff.; vgl. aber in der zweiten Auflage Anm. 1 zu § 421; wohl auch Wolff, Sachenrecht 435 Anm. 11. Dagegen vor allem Reichel, Schuldmitübernahme, 69; Siber, Jahrb. f. Dogm. L, 55 ff.; ders., Rechtszwang im Schuldverhältnis; Kohler, BR. II, 11.

3) So Reichel a. a. O., der überdies nicht genügend beachtet, daß es ein Romanist (Brinz) war, der zuerst auf den Unterschied von Schuld und Haftung aufmerksam machte. Gegen ihn auch Seuffert D. Lit.Ztg. 1909 Nr. 18. Über den Unterschied der Auffassung von Brinz und der v. Amira's, vgl. v. Amira a. a. O. I, 42 Anm. 1; Brinz a. a. O.; v. Amira a. a. O. II, 72 ff. Über die Terminologie des Gesetzes vgl. Puntschart, Grundschuldbegriff 19 ff.

4) Vgl. Enneccerus, BR. I, 2 4/5, 6 Anm. 1.

4a) So verwendet Krückmann a. a. O. die Begriffe Schuld und Haftung ganz anders, als die übrigen s. Anm. 2) Genannten.

5) Hiezu Gierke, Schuld und Haftung 8 f.

worden ist.[6]) Daß B die 100 hat, ist der Zustand, der der Rechtsordnung gemäß ist.[7]) Daraus ergibt sich aber weiter folgendes: Das Sollen ist in erster Linie ein Bekommensollen; denn darauf kommt es an, daß jemandem geleistet wird. Die Schuld ist vor allem eine „Gläubigerschuld". Der Schuldner kann fehlen.[8]) Und in der Tat ist es nach den meisten Rechtsordnungen in der Regel belanglos, durch wen dem, der bekommen soll, die Leistung verschafft wird.[9]) Die Regel ist noch heute, daß A die Schuld des B tilgen kann.[10]) Das Sollen kann aber auch sein und ist vielfach ein Leistensollen, das dann als Korrelat zum Bekommensollen dasteht. Damit ist zwar nicht gesagt, daß nun nur derjenige das Bekommen herbeiführen kann, der leisten soll, aber immerhin wird das Recht nicht genau so im Behalten schützen, wie wenn der Leistensollende geleistet hat.[11]) Wer nicht leisten soll, leistet ein indebitum von ihm aus gesehen, aber ein debitum vom Gläubiger aus gesehen. Ein Leistensollender ist immer dann vorhanden, wenn die Rechtsordnung eine bestimmte Person zur Leistung designiert, einen als Leistensollenden bezeichnet. Nennt man diesen den Schuldner und den Bekommensollenden den Gläubiger, so ist dies eine nicht zu verwerfende Ausdrucksweise, solange man sich bewußt bleibt, daß die Gesetzgebung diesen Worten gelegentlich

---

[6]) Eine Frage für sich ist es, ob und inwieweit ein solcher Schutz auch Dritten gegenüber vorhanden ist. Er kann fehlen insbesondere kraft des Anfechtungsrechts im Konkurse und außerhalb.

[7]) Völlig belanglos ist es für diesen Begriff der Schuld, welche rechtspolitischen Gründe zur Aufstellung des Rechtssatzes geführt haben, dem gemäß der Gläubiger etwas bekommen soll oder Bekommenes nicht mehr herauszugeben hat.

[8]) So schon v. Seuffert a. a. O. 238; jetzt mit Entschiedenheit Strohal a. a. O. 282 ff.

[9]) Vgl. Windscheid-Kipp II[9], 424; v. Amira a. a. O. II, 491.

[10]) § 267 BGB.

[11]) Der Unterschied zeigt sich z. B. praktisch im geltenden Recht insoferne, als die Erfüllung fremder Schuld Schenkung und so als unentgeltliche Leistung anfechtbar sein kann; vgl. Jaeger, Konkursordnung Anm. I b zu § 32. Daß bei dieser Schutzminderung der Gedanke der persönlichen Haftung des Schenkenden für seine Schulden zur Geltung kommt, ändert nichts an ihrer Tatsache, so wenig wie an ihrem Zusammenhang mit dem Mangel des Leistensollens.

einen anderen Sinn beimißt.[12]) Immer aber muß aus dem Begriff der Schuld der Gedanke des Zwanges, der Gewährleistung ferngehalten werden. Wenn Siber[13]) ausführt, daß „der Mangel jeder rechtlichen Reaktion auf ein unerfülltes Gebot . . . mit Gewißheit" zeige, daß „es kein Rechtsgebot ist", so mag dies vielleicht richtig sein. Es ist aber hierher belanglos. Denn das Leistensollen ist gerade kein Gebot.[14]) Dies verkennt auch Wolff,[15]) wenn er frägt, wem die Rechtsordnung die Leistung befiehlt, die der Gläubiger bekommen soll. Und im Grunde wieder darauf beruht es, wenn er weiter frägt, wie bei einem Wert der Pfandsache von 600 Mk. gegenüber einer Forderung von 1000 Mk. die Rechtsordnung befehlen könne, daß der Gläubiger 1000 Mk. aus der Sache bekomme. Weder wird hier ein Befehl erteilt, noch ist überhaupt eine Wertrelation zwischen Forderung und Haftungsobjekt erforderlich.[16])

Ist es so auch beim Vorliegen einer Schuld dem Recht gemäß, daß der Gläubiger eine Leistung bekommt, so muß doch das Recht damit rechnen, daß die Leistung nicht erfolgt, und muß ferner ein Mittel haben, die nun im Rechtsleben entstandene Lücke

---

[12]) Daß die Schuld auch und vor allem ein Bekommensollen, übersieht Siber a. a. O.; daher S. 61 die Frage, ob auch ein anderer als der Schuldner erfüllen könne. Besser aber 85 f. Auch v. Schwind a. a. O. betont zu sehr das Leistensollen. Weitergehend bestreitet Dümchen a. a. O. 371 ff. die Möglichkeit einer Schuld ohne Verpflichtung des Schuldners. Sein Fehler liegt darin, daß er zunächst in der Schuld einen Befehl an den Schuldner sieht, zu leisten; s. a. im Text zu Anm. 13—16.

[13]) a. a. O. 75.

[14]) Ähnlich Siber auch Krückmann a. a. O. 27 und sonst. Eine erhebliche Verkennung des Charakters der germanischen Friedlosigkeit ist es übrigens, wenn Siber a. a. O. 76 ausführt, daß in ihr „eine Reaktion der Rechtsordnung auf die nicht erfüllte Schuld" liege und zwar „außer der vertragsmäßigen Haftung des Schuldners". Sie ist ja doch gerade Durchsetzung der Personenhaftung und ganz ungeeignet zu beweisen, daß auch die germanische Schuld nur durch Reaktion der Rechtsordnung eine Rechtspflicht geworden sei; vgl. auch ebenda 84 f.

[15]) Sachenrecht 433 Anm. 4.

[16]) Dies ergibt sich auch aus dem unten zu erörternden Haftungsbegriff. Ähnliche Gedankengänge wie bei Wolff weist auch zurück Gierke, Schuld und Haftung 108 Anm. 33.

auszufüllen.[17] [18]) Dieses Mittel ist die **Haftung**, die eben deshalb in ihrem Wesen ein Einstehenmüssen ist. Und zwar ein Einstehen an Stelle der ausgebliebenen Leistung. Die Haftung gibt daher, wenn realisiert, nie die Leistung selbst, sondern immer nur einen Ersatz für die Leistung. Dabei ist das Wort Ersatz im weiteren Sinn einer Genugtuung überhaupt zu nehmen.[19]) Die Haftung ist dazu da, dem Gläubiger Genugtuung wegen Nichterfüllung der Schuld zu geben. In der Natur der Sache liegt es, daß diese Genugtuung erst dann erfolgen kann, wenn die Schuld nicht erfüllt ist, nicht also vor deren Fälligkeit. Bis der Moment der Nichterfüllung der Schuld herangekommen ist, äußert sich aber die Haftung gleichwohl in der Bindung, Gebundenheit des Haftungsobjekts.[20]) Und deshalb besteht die Haftung schon vor der Fälligkeit. Seit ältester Zeit verschafft das Recht die Genugtuung dem Gläubiger in der Weise, daß sie ihm kraft der Haftung eine Zugriffsmacht gewährt. Und in ältester Zeit schon kann sich diese Zugriffsmacht richten gegen Sachen wie gegen Personen. Diese können beide haften: es gibt Sachhaftung und Personenhaftung, während allerdings nur eine Person leisten kann, also nur eine Personenschuld möglich ist. Die Sachhaftung kann man eine solche nennen und tut es zweckmäßig, wenn man sich dabei bewußt ist, daß nicht etwa nur Sachen im Sinne des § 90 BGB. in Frage stehen.[21])

Bei der Sachhaftung, die historisch älter, ist die Zugriffsmacht leicht zu verstehen. Die Sache kann weggenommen, sie kann der Verfügung ihres Besitzers oder Eigentümers entzogen werden, sie kann als Genugtuungsobjekt dem Gläubiger verfallen oder sie kann in Zahlungsmittel umgesetzt und dem Gläubiger kann die Genugtuung aus dem Erlös verschafft werden. Etwas schwieriger liegen

---

[17]) Womit aber nicht gesagt ist, daß sie dieses Mittel auch immer verwenden müßte. Ob sie es tut, ist eine rechtspolitische Frage.

[18]) Hiezu **Bierling**, Juristische Prinzipienlehre III, 371 ff.

[19]) Wobei die Genugtuung nicht etwa gleich Vergeltung.

[20]) Hiebei ist es belanglos, ob die Schuld eine bedingte oder unbedingte ist. Dies verkennt **Siber** a. a. O. 104 f. Fällt die aufschiebende Bedingung aus oder tritt die auflösende ein, so ist die Wirkung für die Haftung die gleiche wie die Schuld.

[21]) **Müller-Meikel** a. a. O. 214 spricht von Gegenstandshaftung; vgl. auch **Strohal** a. a. O. 48.

die Verhältnisse bei der Personenhaftung, die im Laufe der Entwicklung an Durchsichtigkeit verloren hat.

Ursprünglich war die Personenhaftung ein Einsatz der ganzen Person im Rechtssinn und gewährte im Ergebnis neben anderem auch eine Zugriffsmacht auf die Person in ihrer körperlichen Erscheinung; denn sie wurde realisiert in der Person und Vermögen erfassenden Friedlosigkeit. Wenn aber die Rechtsordnung dem Gläubiger dieses Maximum der Zugriffsmacht gab, dann konnte sie ihm auch ein darin liegendes Minus zugestehen, nämlich die Befugnis, dem Schuldner Sachen wegzunehmen; sie entzieht dem Schuldner nicht allen Rechtsschutz, sondern nur den gegenüber Wegnahme.[22]) Von hier aus erweist sich auch diese Wegnahme, ihrem Wesen nach eine eine neue Haftung schaffende Pfandnahme oder eine schuldtilgende Exekution, als eine Erscheinungsform der Personenhaftung. Diese Form ist fortgebildet worden und heute herrschend.[23]) Es bedarf also nicht etwa des in neuerer Zeit entstandenen Begriffs einer Vermögenshaftung.[24]) Und nur dann kann man diesen Begriff allenfalls annehmen, wenn man sich der Tatsache bewußt bleibt, daß alle Vermögenshaftung im Grund nur Personenhaftung ist.[25])

Historisch betrachtet erscheint so die Personenhaftung des fortgeschrittenen Rechts an sich schon als eine beschränkte Haftung. Es ist in der Regel nicht der Zugriffsmacht ausgesetzt der Körper einer Person, ihre kirchliche Rechtsfähigkeit, ihre Bewegungsfreiheit. Nur das Vermögen und in gewissem Sinne die Arbeitskraft sind ergriffen. In einem engeren, heute allgemein üblichen Sinne aber versteht man unter beschränkter Haftung eine andere Erscheinung, nämlich eine Personenhaftung, die nicht das gesamte

---

[22]) Vgl. v. Amira a. a. O. I, 160 ff. und Rez. 490 f.

[23]) Reste der älteren Form bei den von Strohal a. a. O. 281 Anm. 69 Angeführten; vgl. ferner v. Seuffert a. a. O. mit zutreffender Verweisung auf §§ 888, 918 ZPO. Vgl. dazu auch Gierke, Schuld und Haftung 78 Anm. 115.

[24]) Hierüber ausführlich Gierke, Schuld und Haftung 11 Anm. 2, 77 ff.; dagegen v. Amira, Rez. 488 ff.

[25]) In diesem Sinn kann man Kuhlenbeck a. a. O. 2, Schulz a. a. O. zustimmen. Richtig Strohal a. a. O. 279 f. Nicht richtig dargestellt ist der Entwicklungsgang von Isay a. a. O. 199. Ohne historischen Hintergrund kommt zum Ergebnis des Textes Dümchen a. a. O. 404 f.

Vermögen des Haftenden ergreift, sondern nur einen Vermögenskomplex, der mit dem Vermögen des Haftenden gerade nicht identisch ist, wie etwa die Erbschaft oder das Fideikommißvermögen, überhaupt ein Sondervermögen. In solchen Fällen haftet die Person, z. B. der Erbe, aber nur mit dem besonderen Vermögen, gegebenenfalls der Erbschaft. Diese beschränkte Haftung darf nicht verwechselt werden mit einer Sachhaftung; es haftet nicht das Vermögen, wie das bei einer Generalhypothek zutrifft. Dabei ist der Haftende in vollem Umfang des Sollens Schuldner, wie in beschränktem Umfang Haftender. Dieser verschiedene Umfang, den in diesen Fällen Schuld (unbeschränkt) und Haftung (beschränkt) haben, beruht aber wiederum in seiner Existenzmöglichkeit darauf, daß eben Schuld und Haftung verschiedene Begriffe sind.

Aus den Begriffen Schuld und Haftung folgt, daß die Schuld Voraussetzung und Grundlage der Haftung[26]) ist; es wird nur gehaftet und kann nur gehaftet werden, wenn geschuldet wird. Es gibt also keine Haftung, die nicht zu einer Schuld in Beziehung stände, keine Haftung ohne Schuld.[27]) Daraus folgt allerdings noch nicht, daß auch zeitlich die Schuld der Haftung vorgehen müsse; es kann sehr wohl eine Haftung im Hinblick auf eine künftige Schuld geben. Das obige „wenn" ist rein kondizional, nicht temporal. Andererseits aber ist dem Begriff der Schuld nicht wesentlich, daß überhaupt eine Haftung hinter ihr stehe: es gibt Schuld ohne Haftung. Auch das Leistensollen zieht keineswegs notwendig auch eine Haftung nach sich.[28]) Diese haftungslosen Schulden können sowohl ein bloßes Bekommensollen sein, als auch ein Bekommensollen verbunden mit einem Leistensollen. Fernerhin folgt aus den Begriffen Schuld und Haftung nicht, daß, wer schuldet auch haftet, oder, daß die haftende Sache dessen

---

[26]) Haftungsgrund nennt sie Kuhlenbeck a. a. O. Aber es wird nicht gehaftet, weil die Schuld da ist, nur wegen einer Schuld, um einer Schuld willen. Unrichtig läßt Linsmayer a. a. O. 59 die Schuld von „Haftungen getragen" sein

[27]) Auf einem Mißverständnis beruht die Annahme einer Haftung ohne Schuld bei Müller-Meikel a. a. O. Ein nicht guter Ausdruck für Gläubigerschuld ist sie bei Pappenheim, Seerecht 319.

[28]) A. M. Strohal a. a. O. 292 Anm. 93, dem ich auch in seinem Beispiel hiezu nicht zustimmen kann, so wenig wie in dem S. 294 gebrachten.

ist, der schuldet. Wie eine Person haften kann für fremde Schuld, so kann die Sache des A haften für die Schuld des B. Daraus ergibt sich zugleich, daß es Fälle geben kann, in denen nur eine Person haftet, sei sie der Schuldner oder eine andere Person, solche, in denen nur eine Sache haftet, und endlich solche, in denen neben der Person eine Sache, sei es des Schuldners, sei es eines Dritten, haftet. Aus der Unnotwendigkeit einer Wertrelation zwischen Sollinhalt und Haftungsobjekt ergibt sich schließlich, daß das Haftungsobjekt im Wert nicht nur zurückbleiben sondern auch über den des Sollens hinausgehen kann. Auch von hier aus steht der Gesamthaftung, sei es von Person und Sachen, sei es von Mehrheiten von Personen und (oder) Sachen für die gleiche Schuld nichts im Wege.

All das Vorstehende entbehrt zunächst der Beziehung zu einer konkreten, geltenden Rechtsordnung; auf eine solche ist nur als erläuterndes Beispiel hingewiesen worden. Man kann diese Begriffe und die gezogenen Folgerungen für den Zweck dieser Untersuchung als ein Postulat de lege ferenda ansehen und sich nun die Frage stellen, ob dieses Postulat in unserer geltenden Rechtsordnung Verwirklichung gefunden hat. Ihr gegenüber kann schon an sich kaum mit zureichenden Gründen bestritten werden, daß die so entwickelte begriffliche Scheidung dem geltenden Rechte so eigen, wie jedem anderen Rechte ist. Sie gibt die primitivsten Grundlagen jedes Obligationsrechts,[29]) ohne die ein solches nicht denkbar ist. Da aber jedenfalls die Terminologie unserer Gesetzgebung nicht mit ihr operiert, so kann man immerhin den Nachweis verlangen, daß sie für das geltende Recht konstruktiv und systematisch verwendbar ist. Läßt sich dieser führen, so dürfte damit auf umgekehrten Wege bewiesen sein, daß die Scheidung von Schuld und Haftung dem geltenden Recht der Sache, wenn auch nicht der Terminologie nach, bekannt ist.

Doch sei zuvor eine andere Frage gestreift, allerdings nicht, weil sie mir aufgestoßen wäre, sondern weil sie von anderer Seite

---

[29]) Nicht die Grundlagen jedes primitiven Obligationenrechts! Mit Recht betont Kuhlenbeck a. a. O. 3, daß sie ein logisches Postulat ist. Und nichts ist verfehlter, als wenn man (so Siber a. a. O. 60) von einer „germanistischen Theorie" spricht; dagegen auch Amira, Rez. 486.

aufgestellt worden ist.[30]) Die Frage nämlich, ob es überhaupt gerechtfertigt sei, eine Untersuchung der vorliegenden Art anzustellen, ob es sich empfehle, eine für historisches Recht wohl brauchbare Unterscheidung auch für das geltende Recht durchzuführen. Man könnte diese Frage vielleicht damit erledigen, daß eine Rechtfertigung einer solchen Untersuchung sich vor allem aus der Verwendbarkeit der Ergebnisse müsse ableiten lassen, und daß es unter allen Umständen erkenntnistheoretisch gerechtfertigt sei, einem sich irgendwie bietenden Problem nachzugehen. Doch möchte ich gerade hier nicht darauf verzichten, einen anderen Rechtfertigungsgrund für die Untersuchung als solche anzuführen. Es handelt sich nämlich bei dem Problem von Schuld und Haftung im geltenden Recht nicht um das Hineinwerfen einer Idee, die diesem Rechte historisch gesehen, zunächst fremd wäre. Im Gegenteil! Gerade wichtige Rechtsinstitute des deutschen Rechts, die unbestritten für die frühere Zeit auf dem Unterschied von Schuld und Haftung beruhten, sind, im Kern unverändert, in das geltende Recht übergegangen; so die Grundpfandrechte. Da wird man also eher fragen müssen, ob es gerechtfertigt wäre, nachzuweisen, daß diese Rechtsinstitute ohne ihre Grundlage ins geltende Recht übernommen worden sind. Und mindestens ist es gerechtfertigt, zu vermuten, daß die Rechte noch auf ihrer alten Grundlage stehen.

Der Plan der folgenden Darstellung ergibt sich aus dem Gesagten. Es wird zu zeigen sein, daß sich Rechtseinrichtungen finden, die sachlich den Schuld und Haftung genannten entsprechen, sodann, daß auch die einzelnen Ausflüsse dieser Grundbegriffe vorhanden sind. Völlig außer Betracht bleiben soll hiebei die Terminologie. Da einmal feststeht, daß das geltende Recht nicht bewußt auf dem Unterschied von Schuld und Haftung aufgebaut ist, so kann man diesen Unterschied auch nicht in der Terminologie finden wollen.

---

[30]) Hierüber schon Puntschart, Pfandrechte an eigener Sache 170 f.; Strohal a. a. O. 65.

II.

a) Bei dem Vergleich des geltenden Rechts mit dem Ausgeführten sehen wir zunächst, daß es dem geltenden Recht [1]) in verschiedenen Fällen gemäß ist, daß jemand durch Leistung [2]) eines anderen etwas erhält, und auf der anderen Seite ihm nicht gemäß ist, wenn dieses Bekommen nicht eintritt. Als Beispiel sei verwiesen auf die Schuldverhältnisse, wobei gleich bemerkt werden muß, daß Schuldverhältnis im Sinne des BGB. § 241 und Schuld im hier in Frage stehenden Sinne außerordentlich verschieden sind. Das „Schuldverhältnis" setzt nicht nur einen Schuldner voraus, ist nicht nur Schuld, sondern nimmt in der Regel auch das Moment der Haftung in sich auf.[3]) Betont werden muß auch, daß es auf ein Bekommensollen durch Leistung ankommt.[4]) Ein Bekommen-

[1]) Dem Privatrecht oder dem öffentlichen Recht.

[2]) Leistung bezeichnet hier dasselbe wie in § 241 BGB.; vgl. hiezu die Kommentare zu diesem Paragraphen.

[3]) Nicht ausnahmslos wie Kuhlenbeck a. a. O. 3 zu meinen scheint; der Begriff ist wechselnd. In §§ 362, 364 z. B. ist als Schuldverhältnis das Spiel ebenso anzusehen, wie kraft seiner Stellung im Recht der einzelnen Schuldverhältnisse. Für die angegebenen Paragraphen ergibt sich dies daraus, daß nach Zahlung der Spielschuld eine weitere Leistung „auf Grund des Spieles" muß kondiziert werden können. Oder sollte etwa gar noch für diese Überleistung die Regel von § 762 I² gelten? Bezüglich der Stellung des Spielabschnittes unter den einzelnen Schuldverhältnissen ist ja Siber a. a. O. 73 anderer Meinung, weil er meint, dies sei der beste Platz für sie. Sollte er nicht eher im 24. Titel sein? Etwa zu §§ 812 oder 813 als Ausnahme? Dann wäre auch der mangelnde Rechtsgrund bei der Spielschuld sehr klar. Oder zu § 814? Dies wäre doch der gegebene Platz, wenn wirklich keine Rechtspflicht vorliegt. Isay a. a. O. 188 meint, daß in § 241 von der Haftung nicht gesprochen werde; dies ist irrig. Nur wo Haftung ist, kann man „fordern". Den Unterschied zwischen Schuld und Schuldverhältnis übersieht v. Schwind a. a. O. 106 f.

[4]) Die Leistung muß nicht in einem Tun, sie kann in einem Unterlassen bestehen. Bedenken aber habe ich gegen den Vorschlag Strohals a. a. O. 278 statt von einem Bekommensollen von „einem dem Gläubiger in Aussicht gestellten rechtlichen Erfolg zu sprechen". Der Begriff des Bekommensollens scheint mir dabei äußerlich an Prägnanz zu verlieren. Immerhin ist Strohal zuzugeben, daß manche Leistung so geartet ist, daß ein korrelates „Bekommen" auf Schwierigkeiten in der Auffassung stößt. Aber trotz dieser sachlichen Übereinstimmung scheint mir terminologisch ein Festhalten am

sollen kann auch sonst gegeben sein, ohne daß es sich um einen hierher gehörigen Fall handelt. So ist es z. B. sicher dem Rechte gemäß, wenn der Nießbraucher die ihm zustehenden Nutzungen bekommt. Aber er erhält sie nicht durch Leistung, sondern indem er sie nimmt. Dem Recht gemäß ist das Bekommen dann, wenn das Recht ein Wiederherausgeben an den Leistenden[5]) zu keiner Zeit fordert, es sei denn aus neuem Rechtsgrunde, wenn, mit anderen Worten, der Empfänger nicht ungerechtfertigt bereichert ist.[5a]) Die Leistung muß andererseits, damit geschehen ist, was soll, eine Erfüllung darstellen. Dies ist vor allem der Fall bei Leistung des ursprünglichen Schuldinhalts, aber auch dann, wenn Erfüllungssurrogate eintreten, die vom Recht als solche anerkannt sind.[6])

Ausdruck „Bekommensollen" richtig. In den S. 287 angeführten Fällen liegt nach geltendem Recht entweder eine Garantie (Schaden durch Tier oder Sache, Untergang der Sache) oder eine Bürgschaft für eine Verkäuferschuld (richtiger vielleicht auch Garantie) vor. Für jene Fälle ist eine Bürgschaft nach geltendem Recht ausgeschlossen, es sei denn, jemand verbürge sich für die aus den gedachten Tatbeständen entstehenden Schulden. Bei der „Garantiehaftung" aber wird zwar im Effekt eine Haftung geschaffen, aber erst durch die Garantie*schuld* hindurch.

[5]) d. h., damit die Rückleistung bei ihm bleibe. Anders dann, wenn er nur Durchgangsperson ist, die Leistung im vom Recht gewollten Endeffekt an einen Dritten kommen soll.

[5a]) Einer besonderen Untersuchung bedürfte die Frage, ob jede Leistung im Sinne des § 241 auch Leistung im Sinne des § 812 ist. Verneinenden Falls wäre der Text de lege lata zu modifizieren.

[6]) Von diesen nimmt allerdings *Dümchen* a. a. O. 379 die Aufrechnung aus, wenn sie durch den Gläubiger erfolgt. Er will in dieser Aufrechnung eine „außergerichtliche Geltendmachung der persönlichen Haftung" sehen. M. E. mit Berechtigung insofern, als hier die Leistung nicht durch eine Handlung (direkt oder indirekt) des Schuldners erfolgt und der Gläubiger sich *nimmt*, was er bekomen soll. Auch ist die Leistung, die in der Aufrechnung erfolgt, rechtlich Ersatzleistung, da für die Aufrechnung Fälligkeit und Nichterfüllung vorausgesetzt ist. Aber die Vorstellung einer Aufrechnung durch den Gläubiger ist m. E. von vorneherein um deswillen unzutreffend, weil der Aufrechnende immer Schuldner und Gläubiger zugleich ist. Der einzige Ausnahmefall (§ 406 BGB.) führt zu einer Aufrechnung, die sicherlich nicht vom Gläubiger ausgeht. Es könnte also nur die Frage gestellt werden, ob in der Aufrechnung überhaupt die Geltendmachung einer Haftung liege. Diese Frage ist m. E. zu bejahen. Daher ist es ausgeschlossen, mit Schulden (Gläubigerschulden) ohne Haftung aufzurechen. Dies hält im Grunde sogar § 390 BGB. fest. Anders liegt die Sache allerdings dann, wenn man gegen

Belanglos ist es in der Regel, **wer** die Leistung macht (§ 267 BGB.). Daher kann auch insbesondere derjenige, dessen Sache haftet, den Gläubiger befriedigen, um den Zugriff auf seine Sache abzuwenden.[7]) Diese geringe Bedeutung, die der Person des Leistenden beigemessen wird, ist auf der anderen Seite von um so größerer Bedeutung für die Auffassung der Schuld im geltenden Recht. Sie zeigt, daß auch hier das Schwergewicht auf dem Bekommen liegt, aber gleichgültig ist, wie dieses Bekommen erfolgt, sofern es nur in einer auf die Schuld gerichteten Absicht zustande kommt. Auch im geltenden Recht kann es auf dieser Grundlage Gläubigerschulden geben, denen eine Schuldnerschuld nicht gegenüber steht.[8])

Von hier aus ist es sehr wahrscheinlich, daß sich auch im geltenden Rechte tatsächlich Fälle finden, in denen überhaupt **nur dies** bestimmt ist, daß einer, der Gläubiger, etwas erhalten soll, ein Schuldner dagegen, der leisten soll, fehlt. In der Tat trifft dies zu bei der Grundschuld. O. **Gierke** hat hier, um die neueste Auffassung heranzuziehen, ausgehend von der Unterscheidung von Schuld und Haftung, als den „primären Inhalt des Grundpfandrechtes" und damit auch der Grundschuld „die Sachhaftung" hingestellt. Daneben aber soll im modernen Recht „eine den jeweiligen Eigentümer treffende dingliche Schuld" vorhanden sein. Diese dingliche Schuld sei „begrifflich notwendig", da jede Haftung eine Schuld voraussetze.[9]) Man kann **Gierke** zustimmen, soweit er hier von einer Sachhaftung spricht; denn das, was im Vorausgehenden als „Haftung" bezeichnet wurde, die Zugriffsmacht eines Gläubigers bei Nichtleistung, die Gebunden-

---

ein Bekommensollen ohne Haftung aufrechnet, z. B. der Spielschuldner A gegen die Spielforderung des B eine Kaufforderung gegen B aufrechnet. In diesem Fall fehlt bei der einen Schuld die Haftung. Es bleibt aber gleichwohl der Charakter der Ersatzleistung gewahrt.

[7]) Mit Recht bezeichnen die Motive III, 689 f. den jetzigen § 1142 BGB. als eine Vorschrift, die nur der Klarstellung dienen soll; vgl. §§ 1223 II, 1217 II, 1249, 1267 BGB.

[8]) So entschieden **Strohal** a. a. O. 291, der aber sonst den Gedanken m. E. überspannt. Vgl. o. S. 7 Anm. 8.

[9]) DPrR. II a. a. O.; vgl. 854 Anm. 13, wo weitere Vertreter einer Eigentümerschuld; Schuld und Haftung 108, sodann **Wolff** a. a. O. 423; **Schulz** a. a. O. 228.

heit eines Objekts vorher, ist gegeben. Anders dagegen steht es mit dem Gedanken einer „dinglichen Schuld".[10]) Sie wäre wohl theoretisch möglich, entspricht aber nicht der Regelung, die die Grundschuld im Gesetze gefunden hat.[11]) So kann nach §§ 1196, 1197 BGB. der Eigentümer des belasteten Grundstückes selbst der Gläubiger sein; er wäre also sein eigener Schuldner, was nach geltendem Recht ausgeschlossen.[12]) Ferner kann doch der Fall eintreten, daß das Grundstück herrenlos wird. Wer soll nun der dingliche Schuldner sein?[13]) Auch das Gesetz spricht mit keinem Wort von einem Schuldner, immer nur vom Gläubiger.[14]) Anders allerdings gestaltet sich die Sache, wenn man sich darüber klar ist, daß eine Schuld keines Schuldners bedarf.[15]) Dann stellt sich die Grundschuld als der typische Fall eines Bekommensollens und

---

[10]) Gegen sie eingehend Puntschart, Pfandrechte an eigener Sache 149 ff.; ders., Grundschuldbegriff; Wolff a. a. O. 433 f.

[11]) Dagegen auch Strohal a. a. O. 283 (insbes. Anm. 73) und folgende, ferner RG. LXXV, 144 f. Die Theorie einer dinglichen Schuld wird noch weniger annehmbar durch ihre Anwendung bei Haftungen mit Schuldnerschuld, wie der Hypothek, wo sie zu einem zweifachen Schulden führt.

[12]) Dernburg, BR. II, 1⁴ 367. Mit dieser Frage beschäftigt sich eingehend Dümchen a. a. O. 466 ff. Seine Lösung, die Anknüpfung der Schuld an einen künftigen Schuldner, die dem Eigentümer im Eigentum folgende Person, entspricht nicht dem Gesetz Mit künftigen Subjekten können Rechte doch nur verbunden werden, wenn man auf ein solches Subjekt rechtlich wartet. Dies trifft hier nicht zu. Auch eine Fortdauer des „objektiven Bestandes" der Schuld, mit der Gierke operiert, hilft, wie Strohal a. a. O. richtig bemerkt, nicht weiter.

[13]) Dümchen a. a. O. 372 sucht sich hier mit der Idee zu helfen, daß die Pflichten an vergangene Subjekte angeknüpft werden können. Aber dies ist nicht möglich; vgl. v. Tuhr, Allgem. Teil I, 77; Dernburg, BR. I³, 122 a. M. wohl Cosack, BR. I⁶, 71.

[14]) In langen Erörterungen sucht auch Dümchen a. a. O. 361 ff. bei den Pfandrechten und Reallasten eine Schuld des Eigentümers nachzuweisen. Aber alle seine Gründe erledigen sich durch die Annahme einer Gläubigerschuld; vgl. ebenda 421 ff. Nicht nur die Fassung der §§ 1113, 1191, 1199 BGB. vermeidet es, den Eigentümer als Schuldner erscheinen zu lassen, sondern ebenso § 1146. Nur darauf könnte man allenfalls hinweisen, daß nach § 1141 die Kündigung gegenüber dem Eigentümer erfolgen muß; hierüber s. auch im Text.

[15]) Dies übersehen Gierke a. a. O.; Wolff a. a. O. 423; vgl. die trefflichen Ausführungen von Strohal a. a. O. 282 f., der nur zu Unrecht v. Amira anderer Meinung sein läßt; s. nun v. Amira, Rez. 487.

in diesem Sinne einer Schuld (Gläubigerschuld) mit reiner Sachhaftung dar. Damit stimmt dann auch vortrefflich die Fassung des § 1191 BGB., die in völlig unpersönlicher Weise erklärt „daß an denjenigen, zu dessen Gunsten die Belastung erfolgt, eine bestimmte Geldsumme aus dem Grundstück zu zahlen ist". Und es kann allerdings auch der Grundstückseigentümer zahlen und so die Vollstreckung abwenden, ohne Schuldner zu sein.[15a]) In der Tat vermag auch Gierke einen positiven Beweis für die dingliche Schuld nicht zu liefern. Wenn er meint, die dingliche Schuld sei als Stütze der in der Grundschuld liegenden Haftung „begrifflich notwendig", so erledigt sich dies durch die Gläubigerschuld. Der Hinweis auf die Kündigung als solche beweist die dingliche Schuld aus gleichem Grunde nicht; denn eine Kündigung ist bei der Schuld, die nur ein Bekommensollen ist, ebenso verständlich wie bei einem Leistensollen. Eher könnte man darauf hinweisen, daß die Kündigung des Gläubigers dem Eigentümer gegenüber erfolgt. Doch ist gerade dies leicht anders zu verstehen. Eine Kündigung muß erfolgen. Daß man sie an den Eigentümer richten läßt, erklärt sich daraus, daß dieser der meist Interessierte ist, und die Möglichkeit haben soll, durch Zahlung den Zugriff auf sein Grundstück abzuwenden. Der Verzug des § 1146 BGB. muß nicht als ein Verzug hinsichtlich einer dinglichen Schuld verstanden werden, so sehr der Wortlaut dazu verleiten möchte, sondern nur hinsichtlich des Bekommensollens. Vor allem hätte das Gesetz, wenn es im Eigentümer einen Schuldner sähe, sicherlich eine einfachere Fassung gefunden. Man hätte z. B. formulieren können: „Kommt der Eigentümer in Verzug, so . . ." Auch sind die Zinsen nicht vom Eigentümer zu zahlen, wie es dessen Stellung als dinglicher Schuldner entspräche. Es ergeben bestätigend die Verhandlungen der zweiten Kommission,[16]) daß die Bestimmung des jetzigen § 1146 überhaupt nicht aus der Meinung erwachsen ist, der Eigentümer sei Schuldner, sondern aus rein praktischen Erwägungen. Diese werden noch klarer in

---

[15a]) So gut wie jeder Dritte! Daher muß auch bei ihm die Frage der Anfechtbarkeit der Zahlung durch die Gläubiger geprüft werden. Eine „eigene Verbindlichkeit" (vgl. Jaeger, KO.[3] Anm. 4 zu § 32) erfüllt der Eigentümer nicht.

[16]) Prot. III, 711 ff.

den Motiven zu dem inhaltlich gleichen § 1140, der im Entw. I für die Grundschuld aufgestellt war.[17]) Hier wird § 1140 gerechtfertigt durch die Bemerkung, daß „das praktische Bedürfnis" ohne ihn „noch nicht befriedigt" wäre. Endlich ist es ausgeschlossen, an die oben schon erwähnte Fassung des § 1191 den Schluß anzuknüpfen: „was aus dem Grundstück zu zahlen ist, das „hat" eben der Eigentümer zu zahlen". Damit wird in die Fassung etwas hineingetragen, was nicht darin enthalten ist. Die Frage, wer zu zahlen hat, läßt die Fassung offen. Man hätte doch andernfalls sagen können, der Eigentümer habe aus dem Grundstück zu zahlen. Daß man aber auch nicht daran denken kann, eine Schuld überhaupt zu leugnen, zeigen die Bestimmungen über die Grundschuld wohl zur Genüge.[18]) [19])

Der hier gegebenen Erklärung der Grundschuld ist am nächsten gekommen P. Puntschart mit seiner Annahme einer „reinen Schuld", die besteht „unter Abstraktion von Schuldgrund und Person des Schuldners".[20]) Aber bei der Eigentümergrundschuld geht er dann eigene Wege, erklärt sie als „ein vorbereitendes Geschäft für eine Grundschuld". Dies hängt wohl zusammen mit einer Ueberspannung des Haftungsgedankens. Außerdem versteht auch Puntschart unter seiner „reinen" oder „unpersönlichen Schuld" doch immer noch etwas, „dem ein reines Bekommensollen gegenübersteht", also nicht dieses Bekommensollen selbst.[20a])

Aus dieser Auffassung der Grundschuld ergibt sich praktisch, daß die Realisierung der Haftung mit einer Klage zu erreichen ist, die nicht etwa gegen den Eigentümer gerichtet ist auf Zahlung, sondern auf Duldung der Zwangsvollstreckung, allenfalls auf Zahlung aus dem Grundstück.[21])

[17]) Mot. III, 790.

[18]) Nur Schuld und Haftung könnten hier geleugnet werden.

[19]) Gegenüber der dinglichen Schuld Gierkes kann ich auch ein anderes Bedenken nicht unterdrücken. Warum fehlt sie beim Mobiliarpfand? Die Ausführungen bei Gierke, DPrR. II, 967, haben mir diese Frage nicht gelöst. Wenn einmal eine dingliche Schuld angenommen werden soll, dann scheint mir bei der inneren Gleichartigkeit allen Pfandrechts Cosack nur folgerichtig zu sein, wenn er BR. II⁴, 282 auch beim Fahrnispfand zu ihr greift; wie Cosack anscheinend auch Crome, BR. III, 643 f.

[20]) Grundschuldbegriff 110 ff., 116; ders., Pfandrechte an eigener Sache 8.

[20a]) Wie im Text v. Amira, Rez. 487.

[21]) So auch die herrschende Meinung; vgl. Planck, Bem. 2 a zu § 1147.

Der Grundschuld gleich steht die Rentenschuld. Nicht minder gehört hierher die Reallast.[22]) Zwar bestimmt hier § 1108 I BGB., daß der Eigentümer für die während der Dauer seines Eigentums fällig werdenden Leistungen auch persönlich haftet. Aber sowenig wie bei der Grundschuld ist davon die Rede, daß er Schuldner sei.[23]) Selbst § 1108 II BGB. kann nur dem Wortlaute nach dafür herangezogen werden, dem Sinne nach ist nur eine Gesamthaftung anzunehmen.[24]) Und selbst wenn in solchem Fall eine Schuld des Grundeigentümers sollte erwiesen werden können, so würde sie damit nicht für Reallasten ohne persönliche Haftung bewiesen sein.[25])

Im ganzen sehen wir also bei Grundschuld, Rentenschuld und Reallasten Schulden, die nur ein Bekommensollen sind, während gleichwohl eine Sachhaftung hinter ihnen steht.

In anderen Fällen, und dies sind die Regelfälle, steht der Gläubigerschuld eine Schuldnerschuld gegenüber. Dann billigt das Recht nicht nur, daß der Gläubiger bekommt, sondern auch, daß der Schuldner leistet. Dies bewirkt, daß die aus dem Schuldnervermögen gekommene Leistung keine Schenkung seitens des Schuldners ist, daher auch in anderer Weise der Anfechtung unterliegt.

b) Wir sehen im geltenden Recht ferner, daß, wenn eine Schuld nicht erfüllt wird, in der Regel unter bestimmten Voraussetzungen ein Zugriff, sei es auf das Vermögen des Schuldners,[26]) sei es

---

[22]) Für die Gleichstellung Dümchen a. a. O. 357, dem ich aber in der Rechtfertigung des § 1108 nur insoweit zu folgen vermag, als er die Nebensächlichkeit der persönlichen Haftung betont.

[23]) Dies übersieht Dümchen a. a. O. 357, der außerdem mit Unrecht behauptet, es sei „die persönliche Haftung eine Folge des dinglichen Rechts und diese nur die Bedingung seiner Entstehung". Richtig dagegen die Rechtfertigung der persönlichen Haftung 358. Gierke, Schuld und Haftung 109, nimmt hier eine Schuld im Umfang der Haftung d. h. eine persönliche Schuld des Eigentümers an; ebenso Wolff a. a. O. 418 f.; Endemann, BR. II, 1 8/9, 687; Staudinger III 5/6 Anm. 1c zu § 1108. Wie hier anscheinend Strohal a. a. O. 283 mit 282 unten.

[24]) Dieser Ausdruck bei Planck Anm. 4a zu § 1108.

[25]) Noch weiter geht Dernburg a. a. O. III, 658, der eine Leistungspflicht des Eigentümers bei jeder Reallast annimmt. Ebenso Crome a. a. O. III, 611 f.; vgl. auch Landsberg, BR. II, 581 insbes. Anm. 4, 726 ff.

[26]) Nach dem sub I Ausgeführten auf den Schuldner.

auf eine bestimmte, pfandmäßig verstrickte Sache erfolgt.[27]) Dies aber ist nichts anderes, als Realisierung[28]) einer Haftung im schon erörterten Sinne.[29]) Immerhin wird von Siber die Frage aufgeworfen, ob hier von einem Ersatz die Rede sein könne, was ja bekanntlich zum Begriff der Haftung gehöre. Siber meint, ein Ersatz sei heutzutage nur möglich an Stelle der unmöglich gewordenen primären Schuld und neben dieser bei Verzögerung der Erfüllung. Im übrigen sei das moderne Vollstreckungsrecht gelenkig genug, um jeden Schuldinhalt durch Zwang zu realisieren und eine Zwangsvollstreckung verschaffe „dem Gläubiger genau dasselbe wie die freiwillige Erfüllung der Schuld". Dies gelte für die Fälle der §§ 888 ff. ZPO. aber auch dann, wenn „ohne alles Zutun des Schuldners" zwangsweise beigetrieben wird.[30])

Was zunächst die Fälle der §§ 888 ff. ZPO. anlangt, so wird hier allerdings unter Umständen dem Gläubiger etwas dem Sollinhalt sehr ähnliches verschafft. Es darf aber dabei nicht übersehen werden, daß dies eben nur unter Umständen geschieht. Wenn die angewendeten Zwangsmittel nichts helfen, dann bleibt dem Gläubiger nur eine Ersatzleistung.[31]) Sind sie aber auch von Erfolg begleitet, so erhält der Gläubiger doch nicht genau das,

---

[27]) Hierüber Dümchen a. a. O. 391 ff., wo auch zutreffend die Frage erörtert wird, ob es sich bei Klage und Vollstreckung um Durchsetzung eines Privatrechts handelt. Ferner Strohal a. a. O. 49 f. Vgl. auch v. Seuffert, ZPO.[11] Anm. 1 zu § 704.

[28]) Realisierung! Nicht Haftung selbst!

[29]) Belanglos ist es für den Begriff der Haftung, wie diese Realisierung erfolgt. Wenn heutzutage die Regel in der Zwangsvollstreckung gegeben ist, so ist doch eine andere Form nicht ausgeschlossen. Sie findet sich ja auch typisch im Pfandverkauf beim Mobiliarpfand (§§ 1228 ff. BGB.). Dagegen wird man sich fragen müssen, ob dann eine Haftung gegeben ist, wenn nach der Rechtsordnung eine Vollstreckung des Urteils ausgeschlossen ist, wie in § 888 II ZPO. Bezüglich des Dienstverhältnisses erledigt sich die Frage durch die noch immer bestehende Schadensersatzpflicht. Soll das Urteil die Genugtuung darstellen?

[30]) Hierauf richten sich Sibers Ausführungen 88 ff.

[31]) Vgl. die Aufzählung der hierher gehörigen Fälle bei Seuffert, Kommentar z. ZPO. II[11] Bem. 1 zu § 888. Ganz richtig ist es, wenn Isay die Zwangsmittel, die gegen den Schuldner zur Verfügung stehen, als „Inhalt der Haftung" ansieht. Nur erschöpft sich in ihnen die Haftung nicht. Wie Isay schon Seuffert a. a. O. (s. o. S. 10 Anm. 23).

was er soll. Aus einem Grunde, der ebenso für die übrigen Fälle gilt, daher im folgenden zu erörtern ist.

Die von Siber angenommene Gelenkigkeit unserer Zwangsvollstreckung mag dahin führen, daß der Gläubiger wirtschaftlich erhält, was er bekommen soll; ganz offensichtlich dann, wenn z. B. der Darlehensgläubiger die 100 (nebst Verzugszinsen und Schadensersatz) erhält, die ihm geschuldet waren. Aber es ist eine Verkennung des Schuldbegriffs, wenn man meint, daß nun rechtlich geschehen ist, was soll. Es wird dabei übersehen, daß es Modalitäten des Sollens gibt, die in Zeit und Ort der Leistung erscheinen. Wird nicht zu rechter Zeit und am rechten Ort geleistet, dann ist unverrückbar nicht geschehen, was soll.[32]) Deshalb setzt auch sofort in den Verzugsfolgen eine Wirkung der Haftung ein, die nicht mehr zu beseitigen ist. Und weil einmal nicht geleistet ist, so kann es nur einen Ersatz für die Leistung geben. Man könnte dem gegenüber einwenden, daß hier der Begriff der Schuld überspannt ist. Das Gesetz kennt ja in der Tat die Möglichkeit, eine Leistung auch nach Eintritt des Verzugs zu erfüllen (arg. §§ 286 II, 326 BGB.), die Vollstreckung durch Leistung zu hindern (§ 775 ZPO.). Aber mir scheint doch, daß der Einwand fehlginge. Er verwechselt den Sollinhalt mit dem Begriff der Schuld des BGB. Diese mag auch bei Änderung von Zeit und Ort identisch sein. Damit kann aber nicht die Tatsache aus der Welt geschafft werden, daß der Sollinhalt sich verändert hat. Er übersähe auch, daß in den Verzugsfolgen bereits eine Reaktion auf das Nichtbekommen gegeben ist. Dabei kann die Frage außer Betracht bleiben, ob etwa eine spätere Leistung den Namen einer Erfüllung der Schuld überhaupt nicht verdiene, ob sie nicht etwa keine Erfüllung, sondern lediglich Schuldtilgung sei.[33]) Endlich bleibt bestehen — und hierin liegt die Unrichtigkeit bei Siber —, daß nach durchgeführter Vollstreckung in der Befriedigung des Gläubigers keine Leistung liegt. Der Gläubiger hat vielleicht wirtschaftlich, was er soll, aber er hat nicht rechtlich, was er soll und er hat es nicht erlangt — und dies ist das Entscheidende — durch Leistung. Und wie oben erwähnt, ist die Gläubigerschuld ein Bekommensollen durch Leistung.[34])

[32]) Ueber diese Frage sehr gut Bierling a. a. O. 372.

[33]) Durch „Zweckerledigung“; vgl. Oertmann a. a. O. 250 f.

[34]) Gegen Siber auch Dümchen a. a. O. 376 ff.

Nicht, daß der Gläubiger überhaupt bekommt ist das Wesentliche, sondern daß er durch Leistung bekommt.[35])

Die Haftung äußert sich aber auch im geltenden Recht nicht nur in der bei Nichtleistung einsetzenden Zugriffsmacht (im Befriedigungsrecht), sondern schon vorher in einer diese sichernden rechtlichen Gebundenheit des Haftungsobjekts, der Person (des Vermögens) bei der Personenhaftung, der Sache bei der Sachhaftung.

Auf dieser Gebundenheit beruht die Anfechtung von Rechtshandlungen des Schuldners im Konkurse und außerhalb.[36]) Deshalb ist die allgemeine Grundlage der Anfechtung die Gläubigerbenachteiligung. Solange diese nicht gegeben und so späterer Zugriff noch gesichert ist, fehlt auch die Möglichkeit, die Gebundenheit des Schuldnervermögens geltend zu machen. Der Anfechtung als einem Erzeugnis der Personenhaftung steht im Konkurse parallel die Absonderung (§§ 47 ff. KO.) als ein solches der Sachhaftung. Doch hat das Gesetz bezüglich der Anfechtung nicht alle an sich möglichen Konsequenzen gezogen. Es hat nicht die Konsequenz gezogen, daß durch Geltendmachung des Anfechtungsanspruchs alle Leistungen in das Schuldnervermögen und zur Konkursmasse zurückgelangen, für die eine Haftung nicht bestand, also eine Gebundenheit fehlte. Das Gesetz hat vielmehr auch da die Anfechtung ausgeschlossen, wo auch nur eine Schuld ohne Haftung erfüllt wurde. Dies beruht seinerseits darauf, daß das Recht den ihm gemäßen Zustand nicht ohne zwingenden Grund wieder umstoßen kann und von hier aus zeigt sich wiederum der Wert des schon entwickelten Schuldbegriffes.

---

[35]) Der Charakter der Leistung ist nicht gewahrt, wenn der Schuldner dem Gerichtsvollzieher den Leistungsgegenstand mit Übereignungserklärung übergibt (a. M. Siber a. a. O. 91).

[36]) Sachlich sehr gute Ausführungen bei Jaeger, Die Gläubigeranfechtung 23 f.; hier wird zutreffend hingewiesen auf die Ähnlichkeit der Bürgenhaftung und der Rückgewährpflicht des Anfechtungsgegners; vgl. ferner v. Tuhr a. a. O. 216, 323 f. und vorzüglich Schulz a. a. O. 233 ff., dessen Ausführungen mir erst zu Gesicht kamen, als das Obige geschrieben war.

III.

Die Beantwortung der Frage nun, wie im einzelnen der Schuldbegriff und der Haftungsbegriff im geltenden Recht zu verwenden sind und Schuld und Haftung sich hier äußern, mag beginnen mit der Erörterung der Pfandrechte und der diesen nah verwandten Reallast, also mit Formen, die der Sachhaftung[1]) einzureihen sind.[2])

a) Als der typische Fall einer Sachhaftung kann die Hypothek bezeichnet werden. Hier erhält der Gläubiger, wenn man zunächst die persönliche Forderung aus dem Spiele läßt, eine Zugriffsmacht auf ein Grundstück, die dann erst zu realisieren ist, wenn die Schuld nicht erfüllt, und dadurch realisiert wird, daß der Gläubiger aus der Sache (aus dem Erlös) Befriedigung bekommt (§ 1113 BGB.). Beachtet man die bei der Hypothek erforderliche persönliche Haftung des Schuldners, so zeigt sich das Bild einer Verbindung von Sachhaftung und Personenhaftung. Zwischen diesen beiden besteht hier ein elektives Verhältnis. Der Gläubiger kann greifen, wohin er will. Er kann sich auch verpflichten, zunächst das eine oder das andere zu tun, allerdings nur mit obligatorischer Wirkung; eine solche Verpflichtung wird auch nicht gegenstandslos durch den Konkurs des Schuldners, da der Gläubiger auf sein Absonderungsrecht wiederum verzichten kann. Charakteristisch ist für diese verbundene (akzessorische) Haftung das Verhältnis der Gläubiger zum Haftungsgegenstand und zum Schuldnervermögen im Ganzen. Die Gläubiger, deren Schulden eine Sachhaftung fehlt, können erst nach denen mit Sachhaftung auf die Sache greifen, diese aber ohne weiteres auf das Gesamtvermögen (dazu § 64 KO.).

Ganz genau so liegt die Sachlage bei dem Mobiliarpfand, bei dem ebenfalls eine Verbindung von Personenhaftung und Sachhaftung vorliegt. Dies gilt nicht nur für das Mobiliarpfand des BGB. (vgl. § 1204), sondern auch für die gesetzlichen Pfandrechte des BGB. und verschiedene des Handelsrechts.

---

[1]) Über Gegenstandshaftung s. o. S. 9. Dazu § 1273 BGB.: „Gegenstand eines Pfandrechts“.

[2]) Hiezu Dümchen a. a. O. 409 ff.

Einen besonders gelagerten Fall der Sachhaftung zeigt § 1000 BGB. im Zurückbehaltungsrecht. Hier muß die Sache Genugtuung dafür leisten, daß die Schuld nicht bezahlt ist. Die Genugtuung liegt im Besitz der Sache. Es ist aber mit nichten die Rede von einer Befriedigung aus ihr. Anders allerdings beim handelsrechtlichen Zurückbehaltungsrecht (§§ 369 ff. HGB.), das ja eine Zugriffsmacht auf die Sache und folgerichtig nach § 49 KO. ein Absonderungsrecht begründet. Ihm gegenüber darf beim Recht des § 1000 BGB. die relative Schwäche in der Wirkung nicht übersehen werden.

Aber auch Fälle selbständiger (reiner) Sachhaftung (ohne begleitende Personenhaftung) finden sich. Schon erwähnt sind Grundschuld, Rentenschuld und Reallast. Hier besteht Gebundenheit einer Sache und bei Nichterfüllung eine Zugriffsmacht auf diese Sache, es fehlt aber eine persönliche Haftung oder kann doch fehlen. Soweit sie vorhanden ist, wie in der Regel bei der Reallast, ist sie aber nur Haftung für ein Bekommensollen, dem ein Leistensollen nicht gegenübersteht, also in gewissem Sinne eine Haftung für fremde Schuld, fremder jedenfalls als dann wenn des Haftenden Leistensollen zu ihr das Korrelat bildet. Diese Fälle unterscheiden sich durch diese Gestaltung der Schuld als ein bloßes Bekommensollen von anderen reiner Sachhaftung, die das Seerecht bietet und und zwar in der Haftung von Schiff und Fracht für bestimmte Forderungen der Schiffsgläubiger (§§ 755 ff. HGB.)[3]) und entsprechend das Binnenschiffahrtsrecht (BinnenSchG. §§ 103 ff.).[4]) Noch in neuerer Zeit wurde hier operiert mit dem Gedanken einer Realobligation oder einer dinglichen Schuld, ganz genau so, wie man sie vielfach für die Grundschuld annimmt. Da bei einer Veräußerung des Schiffes durch den Rheder die zur Realisierung des Pfandrechts (der Haftung) dienende Klage nicht gegen den Veräußerer, sondern gegen den neuen Rheder zu

---

[3]) Vgl. Pappenheim, Seerecht 290 ff., insbesondere 308 ff.; ders., Ztschr. f. HR. a. a. O.; Lüerssen, Das Schiffsgläubigerrecht und die übrigen seerechtlichen Pfandrechte; Gierke, DPrR. II, 1005 Anm. 35; v. Schwind a. a. O. 156 ff.; Ehrenberg, Beschränkte Haftung des Schuldners 35 ff., 170 ff.; die einzelnen Fälle bei Lehmann, Handelsrecht 124 f.; Gareis, HR.[8] 760 f.

[4]) Über die hier in Frage kommenden Forderungen vgl. Pappenheim a. a. O. 309; vgl. auch § 762 HGB.

richten ist, so glaubte man auch hier, eine Schuld annehmen zu müssen, die mit dem Schiffe zu dem Erwerber gelangt. Erst Pappenheim[5]) hat nicht nur die Konsequenzen einer solchen Annahme als unbrauchbar aufgezeigt, sondern auch auf der Basis von Schuld und Haftung den Weg zur richtigen Lösung gewiesen.[6]) Die Haftung des Schiffsvermögens in den gedachten Fällen ist eine reine Sachhaftung.[7]) Das einmal durch sie gebundene Schiffsvermögen bleibt gebunden, gleich, wohin es gelangt. Dabei bleibt der frühere Rheder der Schuldner.[8]) Gegen den neuen Rheder aber ist die Klage zu richten oder gegen den neuen Schiffer (§ 761 HGB.), die dann nicht eine Schuldklage ist, sondern eine Klage gerichtet auf Realisierung der Haftung.[9]) — In anderen Fällen des Schiffsgläubigerrechts steht neben der Haftung von Fracht und Ladung die persönliche Haftung des Schuldners, so z. B. bei der Heuerforderung. Hier liegt dann dieselbe Sachlage vor wie beim Mobiliarpfand oder der Hypothek.

Einen Fall reiner Sachhaftung geben ferner die Versatzgeschäfte, aus denen der Pfandleiher keinen Anspruch auf Darlehensrückgabe gegen den Versetzer gewinnt, sondern nur ein Recht, sich aus der Sache zu befriedigen.[10]) Ganz analog diesem Darlehen ist in der hier in Frage stehenden Richtung (hinsichtlich der Haftung) das Bodmereidarlehen.[11]) Auch § 1003 zählt hierher.[12])

---

[5]) Seerecht a. a. O.; Lehmann a. a. O. 126 Anm. 1.

[6]) Gegen ihn Cosack, HR.[7] 131 ff.

[7]) Nach Cosack a. a. O. rein dingliche Haftung.

[8]) Auch wenn der neue Rheder persönlich haftet, so ist nicht notwendig, daß er auch Schuldner ist. Hierüber Pappenheim a. a. O. 310 ff. Ebenda 310 Anm. 2 wird auch im Anschluß an RGZ. XXXII, 4 ff. die Frage erörtert, ob eine persönliche Verpflichtung zur Zahlung von Berge- und Hilfslohn bestehe nach Art. 755 ADHG. (= 753 HGB.). Pappenheim spricht sich dahin aus, daß die Worte „persönliche Verpflichtung" hier gleichzusetzen seien einer „persönlichen Haftung". M. E. mit Recht. Dann folgt aber daraus wohl, daß es bei dieser Schiffsforderung an einem Leistensollen in jedem Falle fehlt, nur ein Bekommensollen vorhanden ist.

[9]) Eine „Sondervermögensschuld" nimmt hier Gierke, Schuld und Haftung 100 Anm. 5, an.

[10]) Vgl. Gierke, DPrR. II, 1000.

[11]) Vgl. Pappenheim, Seerecht 360.

[12]) Dagegen kann ich mich mit dem von Strohal a. a. O. 283 f. noch konstruierten Fall aus anderem Gesichtspunkt nicht einverstanden erklären. Wenn die nur formell bestehende Hypothek gutgläubig erworben wird, dann

Aus dem bisher Gesagten fällt ein Licht auf die rechtliche Natur der Pfandrechte wie der Reallast und den Zusammenhang mit dem Zurückbehaltungsrecht. Wiederholt schon ist die dingliche Natur dieser Rechte bestritten worden. Die entgegengesetzte herrschende Meinung aber vermag bis heute noch nicht die Dinglichkeit voll und glatt zu beweisen.[13]) Es muß von ihr zugegeben werden, daß „dem Berechtigten keine selbständige Befugnis zur Einwirkung auf den Sachkörper zusteht".[14]) Und doch wird andererseits in der Beherrschung der Sache die dingliche Natur der Sachenrechte gesehen.[15]) Stellt man sich auf den Standpunkt der Haftungslehre, so zeigt sich zunächst das Grundstück nur bestimmt, im Falle der Nichterfüllung der Schuld der Zugriffsmacht des Gläubigers ausgesetzt zu sein.[16]) Bis zur Nichterfüllung der Schuld ist diese Zugriffsmacht nicht vorhanden. Solange hat auch nach geltendem Recht der Gläubiger nicht die Möglichkeit, auf die Sache einzuwirken. Nur eine Gebundenheit der Sache besteht; diese äußert sich beim Grundpfandrecht in der oben erwähnten Besonderheit des § 1133 BGB., der zufolge der Gläubiger bei Gefährdung seiner Sicherung vorgehen kann. Sie äußert sich ferner in einem Widerspruchsrecht gegenüber der Vollstreckung nach § 771 ZPO., in der Unwirksamkeit der Verfügung nach § 1124 II BGB., im § 1128 BGB., neben dem im Falle des § 1130 die Gebundenheit ohnedies gesichert erscheint. Hierauf

erstreckt sich allerdings nach § 1138 BGB. der gute Glaube auf die Forderung. Auch die reine Sachhaftung gebe ich zu. Es erscheint mir aber fraglich, ob deshalb ein gläubigerisches Bekommensollen „zweifellos vorhanden" ist. Soll hier in der Tat der Schuldner, wenn er in der Meinung, die Schuld bestehe noch materiell, die Schuld leistet, keine condictio haben? Ich meine, das Bekommensollen, aber auch ein Leistensollen ist nur insoweit vorhanden oder richtiger es wird nur insoweit als vorhanden angenommen, als die Hypothek in Frage steht.

[13]) Vgl. Dümchen a. a. O. 413; Gierke, DPrR. II, 851 ff. Endemann, BR. II, 1 8/9, 704.

[14]) Wolff, Sachenrecht 432 Anm., behauptet, die Dinglichkeit des Pfandrechts trete am deutlichsten in § 1133 BGB. hervor. Wieso aber soll das Recht sofort Befriedigung aus dem Grundstück zu suchen, das Recht einer Einwirkung auf den Sachkörper darstellen?

[15]) Vgl. Enneccerus, BR. I 4, 167; Gierke, DPrR. I, 260; vorsichtiger Cosack, BR. I 5, 64.

[16]) Vgl. insbesondere die Fassung von § 1204 BGB.

ist ferner das Recht des Sicherungsverkaufs zu basieren (§§ 1219 ff. BGB.). Man hat deshalb beim Pfand keinen Grund ein dingliches Recht zu behaupten, solange die Zugriffsmacht noch nicht existent geworden ist.[17]) Ist sie dies aber, dann kann zugegeben werden, daß sie absoluten Charakter hat. Dann ist aber auch nicht das Pfandrecht ein dingliches Recht, sondern es entspringen ihm nur absolute Wirkungen. Genau so liegen die Verhältnisse bei der Reallast.

Das Zurückbehaltungsrecht aber fügt sich dann den Pfandrechten harmonisch an. Es bewährt sich seine Verwandtschaft mit den Pfandrechten,[18]) die für das BGB. solange unklar bleiben muß, als man in den Pfandrechten dingliche Rechte sieht, im Zurückbehaltungsrecht aber nicht.

Die Haftung kann sich in mannigfacher Weise über die anfänglich ihr unterworfene Sache hinaus erstrecken. Dies wird insbesondere bestimmt für die Hypothek in § 1120 BGB. Sie kann Surrogate der Sache ergreifen (§ 1127 BGB.)[18a]) wie Erweiterungen der Sache (§ 1131 BGB.).

Daß für eine Schuld mehrere Sachen haften können, wie andererseits eine Sache für mehrere Schulden haften kann, zeigt sich im geltenden Recht verschiedentlich. Für jenen Fall ist typisch die Gesamthypothek (§ 1132 BGB.). Es ist analog die Verpfändung mehrerer beweglicher Sachen (§ 1222 BGB.), mehrerer Schiffe (§ 116 FGG.), mehrerer Sachen bei der Bodmerei (§ 691 HGB.). Hiebei besteht eine Gesamthandhaftung. Für den zweiten Fall ist typisch die mehrfache hypothekarische Belastung eines Grundstücks, die mehrfache Verpfändung einer beweglichen Sache.

Aufmerksamkeit verdienen die Fälle, in denen, wie das BGB. sich ausdrückt, die Hypothek dem Eigentümer zusteht. Allerdings bieten sie bei genauer Betrachtung für die vorliegende Frage keine erheblichen Besonderheiten. Die Eigentümerhypothek wird, wenn dem Eigentümer die Forderung nicht zusteht, zur Grundschuld; es

---

[17]) Vgl. hiezu v. Tuhr a. a. O. 136, der ausführt, daß „in der Möglichkeit dieses Zugriffs . . . die direkte Beherrschung der Sache besteht". Aber selbst dies ad hoc zugegeben, ist eben zu beachten, daß das „Pfandrecht" früher besteht als diese Möglichkeit.

[18]) Vgl. Endemann, BR. II, 1 8/9, 901.

[18a]) Hierüber noch unten S. 39.

entsteht also reine Sachhaftung für ein Bekommensollen. Steht dem Eigentümer die Forderung zu, so bleibt die Personenhaftung neben der Sachhaftung bestehen; beide stellen eine Haftung für eine Schuld mit Leistensollen dar. Das Besondere ist nur, daß der Eigentümer nicht die Zwangsvollstreckung betreiben kann (§ 1197 BGB.). Aber auch nur äußerlich etwas besonderes. Das Eigenartige verliert sich bei der Erwägung, daß die Zwangsvollstreckung nur eine Form der Nahme aus dem Grundstück ist, die beim Eigentümer überflüssig ist, da er ohne Verfahren nehmen kann, was ihm zukommt.

Endlich ist hinzuweisen auf die Möglichkeit einer fiktiven Haftung, wie sie BaufG. § 37 I dem, der seine Bauforderung wirksam angemeldet hat, auch ohne Eintragung der Baugeldhypothek für den Fall des Beginnes der Zwangsversteigerung gibt.

b) Auf dem Gebiete der Personenhaftung ist es heutzutage die Regel, daß der Schuldner auch persönlich haftet;[19] diese Regel hat in § 241 ihren nicht ganz glücklichen Ausdruck gefunden.[20] Daraus folgt aber nichts anderes als oben schon gesagt ist. Insbesondere sind deswegen Schuld und Haftung nicht verschmolzen. Sie bleiben begrifflich getrennt und blieben es selbst dann, wenn die Regel ausnahmslos wäre. Ihrem Wesen nach ist diese Haftung des Schuldners in sehr vielen Fällen eine Haftung für künftige Schuld. So in allen den Fällen, in denen die Begründung einer Schuld mit der Maßgabe erfolgt, daß die Leistung erst zu einem bestimmten, späteren Zeitpunkt zu erfolgen habe. Hier ist bis zum Ablauf der geschaffenen Frist ein Leistensollen so wenig gegeben wie ein Bekommensollen. Es ist dem Rechte ganz gemäß, wenn bis dahin der Schuldner nicht leistet, der Gläubiger nicht bekommt. Wohl aber besteht schon jetzt eine Haftung.

---

[19]) Vgl. zur Terminologie § 394 II HGB.: „der Kommissionär, der für den Dritten einzustehen hat, ist . . . verhaftet“.

[20]) Eine Ausnahme findet Dümchen a. a. O. 406 bei der Anweisung, insbesondere der nicht akzeptierten Tratte, da der Bezogene nicht bloß zahlen dürfe, sondern auch dem Wechselgläubiger gegenüber zahlen solle. Aber es bestehen bei der Tratte so wenig wie bei irgendeiner Form der Anweisung vor der Annahme rechtliche Beziehungen zwischen dem Angewiesenen (Bezogenen) und dem Anweisungsempfänger (Remittenten); vgl. Plank, Vorbem. 2c zu §§ 783 ff. Ein Akzeptierensollen besteht nur gegebenenfalls gegenüber dem Aussteller.

Hervorzuheben sind die Verhältnisse von Mehrheiten von Gläubigern und von Mehrheiten von Schuldnern.[21])

Beim Gesamtschuldverhältnis besteht nach §§ 421 ff. BGB. nur eine Schuld; der Gläubiger soll nur einmal bekommen.[22]) Dies ist nicht etwa deshalb anders anzunehmen, weil das Gesetz von mehreren Schuldnern spricht. Es ist dem Recht Genüge getan, wenn einer leistet. Aber für die eine Schuld bestehen mehrere Haftungen; jeder haftet. Ist die Schuld eine Gesamthandschuld, dann entspricht der auch eine Gesamthandhaftung. Beim Teilschuldverhältnis bestehen so viele und im Zweifel gleiche Schulden, als Schuldner vorhanden sind; es bestehen ebensoviele Haftungen.

Bei der Gesamtgläubigerschaft besteht wiederum eine Schuld. Dagegen werden von Kuhlenbeck[23]) mehrere Haftungen angenommen und zwar so viele, als Gläubiger vorhanden sind. Dies ist aber nur die Folge eines Mißverstehens des Haftungsbegriffes. Wenn der Schuldner haftet, dann haftet er in dem schon erörterten Rahmen der Personenhaftung voll für die Schuld. Es ist schon logisch undenkbar, daß sich diese Haftung bei ihm mit der Gläubigerzahl multipliziert. Deshalb, weil mehrere Gläubiger in der Lage sind, die Zugriffsmacht auszuüben, sind nicht mehrere verschiedene Zugriffsmächte gegeben. Bei der Gesamthandgläubigerschaft steht einem gesamthändigen Bekommensollen die Haftung des Schuldners gegenüber. Bei der Teilgläubigerschaft aber bestehen so viele im Zweifel gleiche Bekommensollen als Gläubiger vorhanden sind. Diesen steht ein Leistensollen gegenüber, das sie restlos auf sich konzentriert. In derselben Weise ist die Haftung nur eine.

---

[21]) Hierzu v. Amira, Obl.-R. I, 171ff., II, 193ff.; Gierke, Schuld und Haftung 109 ff.

[22]) Schwieriger ist die Entscheidung bezüglich des Leistensollens. Das Gesetz steht m. E. der Annahme eines gesamthänderischen Leistensollens nicht im Wege. Es dürfte sich sogar aus § 1450 BGB. ein Argument für sie gewinnen lassen. Denn die Ehegatten haften für die nicht berichtigten Gesamtgutsverbindlichkeiten als Gesamtschuldner. Diese Verbindlichkeiten aber konnten Gesamthandschulden sein, während die Gütergemeinschaft bestand, und es ist nicht anzunehmen, daß sie diesen Charakter verloren haben. Kann man diese Auffassung nicht billigen, so muß aber auf alle Fälle ein einheitlicher Sollinhalt festgehalten werden.

[23]) a. a. O.

Eine andere Frage ist es, ob es heutzutage auch die Haftung von Personen gebe, die nicht schulden. Aus historischen Gründen ist man verschiedentlich dazu gelangt, in dem Bürgen eine solche Person zu sehen.[24]) Allerdings ist dies nicht unbestritten geblieben. In neuester Zeit hat sich die gewichtige Stimme Strohals dagegen ausgesprochen. Aber die Grundlage, von der Strohal ausgeht, scheint durch die auch Siber[25]) eigene und schon oben mißbilligte Ansicht beherrscht, es erhalte der Gläubiger im Wege der Zwangsvollstreckung das, was er soll. Da im übrigen darüber Einigkeit zu herrschen scheint, daß der Bürge nicht die Hauptschuld erfüllt, so ist die Frage die, ob die Rechtsstellung des Bürgen eine Gebundenheit für fremde Schuld ist, die im Falle der Nichterfüllung jener im Einstehenmüssen ausmündet. Für die Beantwortung der Frage ergibt sich eine Schwierigkeit daraus, daß (nach der herrschenden Meinung) der Bürge mindestens auch Schuldner ist, wenn er dann auch für diese seine, von der des Schuldners verschiedene Schuld haftet, gleich wie jeder andere Schuldner. Aber selbst wenn dem so ist, so ist damit doch nur bewiesen, daß der durch den Bürgen geschaffene Ersatz hier eine andere Gestaltung erhalten hat, als in sonstigen Fällen.[26]) Im übrigen dürfte weder an der Gebundenheit ein Zweifel begründet erhoben werden können, noch an dem Einstandscharakter der Bürgenleistung. Dieser ist insbesondere nicht gegeben und auch nicht bedingt durch die Vorausklage, sondern dadurch, daß die Bürgenleistung nicht fällig wird ohne Fälligkeit der Hauptschuld; er ist daher auch gewahrt in §§ 239 II, 773 BGB., § 349 HGB. Für den Haftungszustand des Bürgen spricht endlich auch die wiederholte Gleichstellung des Bürgen mit dem Pfand und umgekehrt (so z. B. §§ 232 mit 233, 1137 BGB.) im rechtlichem Wesen, die nicht aufgehoben wird durch die aus seiner größeren Sicherheit erklärliche Bevorzugung des Realkredits.

Hierher rechnet ferner Isay den Fall des § 778 und die Delkrederehaftung im Handelsrecht.

---

[24]) So Isay a. a. O. 133; Dümchen a. a. O. 407 f.; Gierke, Schuld und Haftung 99.

[25]) a. a. O. 106 ff.

[26]) Vgl. Gierke, Schuld und Haftung S. 106 Anm. 29. Schulz a. a. O. 228.

IV.

Wie sehr auch nach geltendem Recht die Haftung um einer Schuld willen da ist, zeigt äußerlich die Fassung des § 1115 II BGB., wo ganz richtig von Eintragung einer „Hypothek für ein Darlehen" gesprochen wird. Daher ist es auch nur folgerichtig, wenn sie mit der Schuld wächst. Dies ist insbesondere so im Falle des Verzugs, was bei der Personenhaftung nicht besonders ausgesprochen wird, sich aber daraus ergibt, daß der Schuldner in der Regel im Umfange seiner Schuld auch haftet; dagegen finden sich besondere Bestimmungen bei Sachhaftung, so z. B. in § 1118. Ganz ausdrücklich sagt § 1210 BGB., daß das Mobiliarpfand „für die Forderung in deren jeweiligem Bestand" haftet, wogegen andrerseits § 1264 BGB. eine Beschränkung statuiert, desgleichen § 27 IV BaufG. im Gegensatz zu § 34 II. Ebenso erklärt sich die Bestimmung der §§ 770, 1137 BGB. Die Haftung ist nur dazu da, dem Gläubiger Ersatz zu bieten für das Nichtbekommen dessen, für dessen Bekommen oder Behalten er auf Rechtsschutz rechnen kann. Soweit daher der persönliche Schuldner die Verweigerung seiner Leistung rechtlich schützen lassen kann, braucht auch das Pfand (Bürge, Sache) nicht zu haften. Mit Recht aber entzieht das Gesetz in §§ 768 I², 1137 die Möglichkeit der Berufung auf die beschränkte Haftung des Erben; denn diese hat ihren Grund nicht im rechtlichen Bestande der Schuld, sondern außerhalb, und so wenig die Haftung der Sache oder des Bürgen erlischt, wenn die des Schuldners wegfällt, so wenig ändert sie sich, wenn diese beschränkt wird.[27])

Trotz dieses Zusammenhangs zwischen Schuld und Haftung erscheint es auch heutzutage nicht ausgeschlossen, in einigen In-

---

[27]) Andererseits nimmt Gierke, Schuld und Haftung 207 auch einen Einfluß der Haftung auf die Schuld an, indem mit dem Wegfall oder der Erschöpfung des Haftungsgegenstandes die Schuld selbst erlösche. Aber nicht einmal für den Fall reiner Sachhaftung vermag ich dies zuzugeben, noch weniger für die Fälle beschränkter Haftung. Sollte der beschränkt haftende Erbe, wenn er nach Durchführung des Nachlaßkonkurses und Erschöpfung der Masse einem Nachlaßgläubiger weitere Befriedigung gewährt, ein indebitum leisten?

stituten unserer Rechtsordnung, wie schon geschehen,[28]) Schulden ohne Haftung zu sehen. Es sind dies die Fälle der sogenannten natürlichen Verbindlichkeiten. Insbesondere der Spielschuld und den nächstverwandten Fällen suchte man schon auf diese Weise beizukommen. Es gibt bekanntlich § 762 I BGB. die Bestimmung, daß durch Spiel oder Wette eine Verbindlichkeit nicht begründet wird, aber auch im zweiten Satz die weitere, daß eine gezahlte Spielschuld nicht deshalb zurückgefordert werden könne, „weil eine Verbindlichkeit[29]) nicht bestunden hat". Mit anderen Worten ist, wenn A dem B aus Spiel 100 Mk. schuldet, der Rechtsordnung gemäß, daß B die 100 Mk. erhält und behält; für B besteht ein Bekommensollen in der Höhe von 100 Mk. und hierin schützt ihn die Rechtsordnung. Auf der anderen Seite aber (Satz 1), wenn B die 100 nicht erhält, dann ist dies zwar nicht dem Rechte gemäß, aber B erhält keinen Ersatz: es fehlt die Haftung, wenn auch nicht das Leistensollen. Diese Erklärung ist aber auf Widerspruch gestoßen bei Siber, der nachzuweisen sucht, daß die Spielschuld nur eine Anstandspflicht sei, keine Rechtspflicht.[30]) Dafür soll einmal sprechen, daß ja bezüglich ihrer nichts weiter bestimmt

---

[28]) Isay a. a. O. 191 ff.; Riezler bei Staudinger Anm. 2, 6 zu § 222. Dernburg bezeichnet dies als eine „geistvolle Verwertung des Gegensatzes zwischen Schuld und Haftung" (BR. II, 1[4], 12 Anm. 1).

[29]) Diese Fassung wird von Isay a. a. O. 191 f. richtig ausgelegt, wogegen Siber in seiner Entgegnung a. a. O. 60 die Fassung des § 241 zu sehr urgiert. Wenn § 241 sagt, daß der Gläubiger kraft des Schuldverhältnisses eine Leistung fordern könne, so ist damit noch nicht gesagt, daß dieses Forderungsrecht dem Schuldverhältnis essentiell sei. Es kann gleichwohl, als Ausnahmen, Schuldverhältnisse ohne sie geben. So erklärt sich dann auch die Stellung von Spiel und Wette unter den einzelnen Schuldverhältnissen, die Siber a. a. O. 73 zwar als belanglos hinstellt, aber nicht erklärt. Nach seiner Auffassung der Spielschuld ist ihr jetziger Platz nicht, wie er meint, der beste, sondern es gäbe einen besseren im 24. Titel. Vgl. oben S. 14 Anm. 3.

[30]) Zustimmend Dümchen a. a. O. 392 f., Strohal a. a. O. 296 f., Hellmann, Lehrbuch d. Konkursrechts 333, der daraus die Folgerung zieht, daß Anfechtbarkeit nach KO. § 32 Z. 1 besteht. Dagegen Krückmann a. a. O. 14 ff. Aber wenn auch das Gesetz eine Verbindlichkeit in solchen Fällen nicht anerkennt und selbst wenn man zugibt, daß ein Schuldverhältnis im Sinne des § 241 nicht besteht, so ist damit doch nicht das Fehlen einer Schuld im hier in Frage stehenden Sinne bewiesen; vgl. oben S. 14 Anm. 3. Weitere Literatur für und gegen bei Oertmann a. a. O. 7,

werde als der Ausschluß der condictio indebiti, sodann der Mangel jeglichen Durchsetzungszwanges. In jener Beziehung muß man zugeben, daß in § 814 BGB. ein Ausschluß der condictio indebiti auch stattfindet bei einer Pflicht, die nur eine Anstandspflicht ist. Aber es ist ein falscher Schluß, daraus zu folgern, daß nun umgekehrt immer eine Anstandspflicht gegeben sei, wenn die condictio indebiti ausgeschlossen wird. Und es ist eine willkürliche Behauptung, wenn man sagt, daß der Ausschluß der conditio indebiti nur den Zweck habe, zu verhindern, daß der Spielschuldner durch Rückforderung der geleisteten Spielschuld eine neue nunmehr rechtlich geschützte Anstandsverletzung begehe, oder, wenn man sagt, das Recht wolle bei einer Sittenverpflichtung wie beim Spiel durch Ausschluß der condictio indebiti jede Befassung damit ablehnen und die „Reaktion darauf dem privaten Wirken der Gesellschaft" überlassen. Das Gesetz läßt sich sogar m. E. in § 813 auf einem anderen Standpunkt sehen. Hier handelt es sich um erfolgte Leistungen, denen eine dauernde Einrede entgegenstand. Ohne Bedenken aber läßt das Gesetz die Rückforderung des Geleisteten allgemein zu. Gerade diese Bestimmung würde auch ohne § 813 I² für die verjährte Schuld gelten, so daß sich hieraus ergibt, daß im allgemeinen das Gesetz nicht auf dem Standpunkt steht, daß das Rückfordern so gearteter Leistungen nicht des Rechtsschutzes würdig sei.[31]) Es kann aber das Problem, ob hier eine Anstandspflicht oder eine Rechtspflicht gegeben sei, für die vorliegende Frage der Lösung entraten; denn die Gläubigerschuld, so wie sie oben erklärt wurde, besteht nur im Ausschluß der condictio. Der Begriff der Schuld wird verkannt, wenn man nur Rechtspflichten als Schulden erachtet, ja schon dann, wenn man an Pflichten überhaupt im Sinne von Gebundenheit denkt.

Von der hier vertretenen Auffassung aus erledigen sich ganz folgerichtig Fragen, die die Rechtsprechung wiederholt beschäftigt haben. So z. B. die Unmöglichkeit eines Pfandrechts oder einer

---

der aber (S. 9) gerade in dieser Frage ein Operieren mit Schuld und Haftung für aussichtsreich hält; vgl. auch Kipp bei Windscheid II, 192 ff.; Krückmann a. a. O. 20 f.

[31]) Über die ganze Frage handelt mit Besonnenheit v. Tuhr a. a. O. 94 ff.; vgl. auch Cosack, BR.⁵ I, 356.

Bürgschaft für eine Spielschuld. Da das Gesetz eine Haftung für eine Spielschuld nicht will, so kann es Beides bei ihr nicht geben.

Der Spielschuld gleichzustellen sind die Wettschuld und die Schuld aus einem Differenzgeschäft. Auch der Ehemäklerlohn und die Schuld aus verbotenem Börsentermingeschäft gehören hierher.[32]) Anders aber liegt die Sache bei einem weiteren Fall, den man vielfach mit den genannten zusammengestellt hat, bei der verjährten Forderung. Hier ist keineswegs jede Haftung ausgeschlossen. § 223 BGB. läßt ausdrücklich das Pfandrecht für eine verjährte Forderung, also eine Sachhaftung fortbestehen. Nur die Personenhaftung kann aufgehoben werden, kann aber ebensogut auf dem Wege der Nichtverweigerung der Leistung aufrecht erhalten werden.[33]) Ähnlich ist die Sachlage im Falle des § 193 KO. bezüglich der erlassenen Forderungen. Diese sind als unvollkommene Verbindlichkeiten zurückgeblieben. Weil aber doch ein Bekommensollen und ein Leistensollen da ist, so ist möglich, daß hiefür andere Personen und daß Sachen haften und so rechtfertigt sich § 193 [2] KO.[34])

Nur einen Fall einer Gläubigerschuld sieht Strohal gegeben, „wenn jemand einem anderen ein Darlehen mit der Beifügung gibt, daß er die Rückzahlung zwar jederzeit annehmen, aber keinesfalls fordern werde". Mit ihm nehme ich an, daß hier ein Ausschluß der persönlichen Haftung erfolgt ist und damit ein Ausschluß der Klage auf Rückgabe. Fraglich dagegen ist mir, ob auch das Leistensollen fehlt. Denn die rechtlichen Wirkungen

---

[32]) Ähnliche Fälle werden gesehen bei der Heilung wegen Formmangels nichtiger Geschäfte (§§ 313, 518 II, 766 [2] BGB.); vgl. Kipp bei Windscheid II, 193 f.

[33]) Für den Fall der verjährten Schuld möchte ich mit Rücksicht auf die mögliche Haftung nicht die Feststellungsklage ausschließen; a. M. Isay a. a. O. 192. Vgl. Strohal a. a. O. 293, Seuffert, ZPO. [11] Anm. 2c zu § 256. Keinesfalls darf unbeachtet bleiben, daß zunächst auch aus der verjährten Schuld ein Anspruch im Sinne des BGB. besteht. Auf die Einrede kann der Schuldner auch im Prozeß stillschweigend verzichten. Wird er in diesem Fall verurteilt und dann die Zwangsvollstreckung betrieben, dann ruht diese auch auf der Haftung. Man wird also sagen müssen, daß der Schuldner nur die Möglichkeit hat, die Haftung zu beseitigen.

[34]) Jaeger, Konkursordnung Anm. 5 zu § 193; Seuffert, Konkursprozeßrecht 443.

werden verschiedene sein, je nachdem der Darlehensnehmer leistet oder ein anderer. Darin aber zeigt sich, daß der Schuldner leisten sollte.

Wie eine Schuld ohne Haftung, so kann es endlich geben eine Schuld mit beschränkter Haftung. Der typische Fall ist hier die beschränkte Haftung des Erben.[35]) Hier gehen die Schulden auf den Erben in vollem Umfange über. Aber die Haftung trägt der Erbe nur mit dem Nachlaß. Die Haftung ist also eine beschränkte für möglicherweise größere Schuld.[36]) Analog der Erbenhaftung ist die des Vermögensübernehmers (§ 419 II BGB.) und des Ehegatten nach Teilung des Gesamtgutes (§ 1480 BGB.); auf §§ 1489, 1504, 2187, 2287 BGB. sei ferner verwiesen. Endlich liegt eine beschränkte Haftung vor in der Art, wie der Nießbraucher für die Schuld des Eigentümers, der Ehemann im gesetzlichen Güterstande für die Schulden der Ehefrau mit seinem Nutzungsrechte haftet.[37])

Aber immer kommt nur in Frage die gegenständlich beschränkte Haftung, mit einem Vermögensteil oder einem Sondervermögen.[38]) Die beschränkte Haftung ist entsprechend der Haftung cum viribus hereditatis, verschieden dagegen von der Haftung pro viribus hereditatis. Diese gehört zur sogenannten rechnerisch beschränkten Haftung, bei der man überhaupt keine beschränkte Haftung für eine allenfalls größere Schuld annimmt, sondern eine im Vergleich zu ihrer Entwicklungsmöglichkeit beschränkte Schuld mit unbeschränkter Haftung.[39]) Diese Annahme ist richtig bei der beschränkten Versicherung, ebenso beim limitierten Akzept.

---

[35]) Vgl. Dernburg, BR. II, 1⁴, 16 ff.

[36]) Dies zeigt sich m. E. sehr klar im Fall des § 781 ZPO. Hier ist die Schuld in ihrer Höhe festgestellt durch Urteil gegenüber dem Erblasser. Dieses Urteil wirkt nach § 325 ZPO. gegenüber dem Erben, stellt also auch für ihn den Umfang der Schuld fest. Erst nachträglich tritt für diese im Umfang gleichbleibende Schuld eine beschränkte Haftung ein.

[37]) Hierüber v. Seuffert a. a. O. 240; Gierke, Schuld und Haftung 107 Anm. 32; ders., DPrR. II, 697 ff.

[38]) Vgl. Gierke, DPrR. II, 66 ff.

[39]) Vgl. Oertmann a. a. O. 9; Kuhlenbeck a. a. O. 11 f.; Enneccerus, BR. I⁴, 8; Dernburg, BR. II, 1⁴, 17; v. Seuffert a. a. O.; Zitelmann, Intern. PrR. II, 586 ff.; Siber, Rechtszwang 183 ff.; Ehrenberg a. a. O.; v. Tuhr a. a. O. 325 f.; Lehmann, Handelsrecht 122.

Sie trifft bei der hier vertretenen Auffassung der Bürgschaft nicht zu beim beschränkten Kreditauftrag. Ähnlich gestaltet sich die Haftung des Kommanditisten. Nur ist hier die Haftung rechnerisch beschränkt, ohne daß dies auch bei der Schuld der Fall wäre. Bei der Kommanditgesellschaft ist jede Schuld eine Gesamthandschuld der Kommanditisten und Komplementare. Die Haftung des Kommanditisten ist auf die Höhe seiner Einlage beschränkt; dadurch aber wird nicht auch die Gesamthandschuld beschränkt.[40]) Dies aber nur, solange der Kommanditist den Gläubigern noch unmittelbar haftet (§ 171 HGB.). Soweit die Einlage geleistet ist, endigt seine Haftung. Bis dahin allerdings können die Gläubiger auf sein ganzes Vermögen (auch seine Person) greifen, und die Beschränkung des Zugriffs liegt nur darin, daß nicht für die ganze Schuldhöhe Ersatz gefordert werden kann. Anders liegt der Fall beim Genossen der e. G. Dieser haftet bei unbeschränkter Haftpflicht unbeschränkt für die Genossenschaftsschuld; bei beschränkter Haftung aber ist nicht seine Haftung gegenüber den Genossenschaftsgläubigern beschränkt, sondern seine Leistungspflicht gegenüber der Genossenschaft.[40a])

Endlich aber läßt sich mit Grund die Haftung dessen hierherstellen, der infolge Anfechtung im Konkurse oder außerhalb einen Gegenstand herauszugeben hat.[41]) [42])

Dagegen beruht auf einem Mißverständnis die Erörterung der beschränkten Haftung, die Kuhlenbeck[43]) gibt. Es kann weder davon die Rede sein, daß eine Sachhaftung eine Vermögens-

---

[40]) Vgl. Linsmayer, DJurZtg. 1903, 474 ff.; Ehrenberg a. a. O. 322 ff.

[40a]) So richtig Lehmann a. a. O. 123.

[41]) Vgl. v. Seuffert a. a. O. Kuhlenbeck nimmt darüber hinaus eine beschränkte Haftung auch in den Fällen der §§ 571, 604 IV, 556 III, 822, 809, 851 an. Hier ist aber der Haftungsbegriff völlig verkannt. Die Heranziehung des § 851 ist mir gänzlich unklar, in § 809 steht keine Haftung auf der Basis eines Leistensollens in Frage, in den übrigen Fällen ist die Haftung so wenig beschränkt, wie wenn A und B eine Spezies zu leisten hat; wenn nämlich z. B. (§ 604 IV BGB.) der Unterleiher die Sache nicht herausgeben kann wegen selbstverschuldeten Untergangs, dann haftet er mit seinem ganzen Vermögen.

[42]) Es ist aber zu betonen, daß der Anfechtungsgegner nicht für fremde Schuld haftet; so ganz richtig Jaeger a. a. O. 53.

[43]) a. a. O. 11, ebenso Oertmann a. a. O. 9; Siber, Rechtszwang 183 ff. (passim); wohl auch Lehmann a. a. O. 124.

haftung im oben auseinandergesetzten Sinn sei, noch erst recht davon, daß sie eine beschränkte Haftung sei. Die gegenteilige Annahme verwechselt Personenhaftung und Sachhaftung. Insbesondere ist es also falsch, die Grundschuld unter den Begriff einer beschränkten Haftung zu bringen. Der Unterschied zeigt sich in der Durchsetzbarkeit der Sachhaftung, auch wenn die Sache in ein anderes Vermögen kommt.

Auch die Fälle der Abandonnierung werden hierher gerechnet. Aber nicht mit Recht! Der Mitrheder haftet den übrigen Mitrhedern für seinen Beitrag zunächst persönlich und unbeschränkt. Aber in § 501 HGB. wird ihm zur Wahl gestellt eine reine Sachhaftung. Das Gesetz sagt auch nicht etwa, daß der Mitrheder für seine Beitragsschuld nur mit der Schiffspart hafte. Und genau so im Falle des § 27 GmbHG.[44])

Bei diesen Erscheinungen ist es auch ganz verständlich, daß Schuld und Haftung zeitlich von verschiedener Dauer sein und zu verschiedener Zeit entstehen können. Es ist bereits darauf hingewiesen worden, daß die Haftung des Schuldners nicht selten besteht, ehe die Schuld besteht, wenn auch nicht immer nur im Hinblick auf diese künftige Schuld. Die Haftung kann aber auch später entstehen, so z. B. wenn für eine schon bestehende Schuld später ein Pfand bestellt wird. Die Haftung kann andererseits früher endigen als die Schuld, so z. B. nach § 777 BGB. beim Bürgen. Zum ersten der Fälle seien noch erwähnt die §§ 765 II, 1204 II, 1113 II, 1190 BGB.[45]) Auch die aufschiebend bedingte Schuld wird man hierher rechnen müssen, ebenso die betagte Schuld.[46]) Kommt im Falle der Haftung für bedingte oder künftige Schuld die Schuld nicht zur Entstehung, so fällt die Haftung in sich zusammen.

---

[44]) Vgl. Ehrenberg a. a. O. 14 ff., 32, 205 f.; Lehmann a. a. O. 124; im allgemeinen Enneccerus a. a. O. 9; v. Amira, Obl.-R. I, 394, 398.

[45]) So richtig Isay a. a. O., der aber im Ausdruck zu sehr an die Möglichkeit einer Haftung ohne Schuld heranreicht.

[46]) Das Gesetz macht zwischen diesen beiden Arten der Schulden allerdings einen Unterschied in § 813 II, aus dem man abgeleitet hat, daß zwar die aufschiebend bedingte Schuld eine Nichtschuld sei, nicht aber die betagte Schuld. Von dem hier vertretenen Standpunkt aus liegt in diesem Falle eine Schuld vor, in jenem nicht. Folgerichtig erscheint daher die Kondiktion

Endlich können sich die Arten der Haftung und die Haftungsobjekte ablösen. Dies geschieht, wenn nach §§ 693 ff. HGB. der Schiffer oder Rheder unter Wegfall der Haftung der verbodmeten Gegenstände nunmehr allein persönlich haftet. Eine teilweise Ablösung greift Platz, solange die Sachenhaftung nur beschränkt worden, nicht weggefallen ist, was in gleicher Weise bei §§ 771 ff. HGB. vorgesehen ist. In all diesen Fällen entsteht die persönliche Haftung des Schiffers oder Rheders erst mit dem völligen oder teilweisen Untergang der Sachhaftung.[47]) Auch § 562 BGB. gehört hierher. Die Haftungsobjekte wechseln, wenn an Stelle des ursprünglichen Objekts ein gesetzliches Surrogat tritt. Beispiele hiefür bieten §§ 764, 775 HGB., § 92 ZVG., § 1127 BGB.[48])

bei der aufschiebend bedingten Schuld, nicht aber ihr Ausschluß bei der betagten Schuld; denn die Haftung würde erst nach der Fälligkeit eintreten. Doch ist die Differenz nur scheinbar, wenn man bedenkt, wie im BGB. die betagte Forderung überhaupt konstruiert ist; sie wird behandelt wie eine schon fällige Forderung.

[47]) Vgl. Endemann, BR. II, 1 $^{8}/_{9}$, 69 f.

[48]) Vgl. Pappenheim, Seerecht 278 Anm. 3; Cosack a. a. O. 131 f. spicht hier von beschränkt-persönlicher Haftung. Die einzelnen Fälle bei Lehmann a. a. O. 126 zu Anm. 5.

V.

Aus den bisherigen Ausführungen dürfte sich zunächst die konstruktive Verwertbarkeit der Begriffe Schuld und Haftung ergeben haben. Es hat sich gezeigt, daß durch sie Institute, die bis jetzt eine befriedigende Erklärung noch nicht gefunden haben, wie die Grundschuld und die Rentenschuld, erklärt werden können, daß bei anderen Instituten die Konstruktion auf ihrer Basis erheblichen Schwierigkeiten nicht begegnet. Das Folgende hat nun noch die systematische Verwertung zu zeigen, zunächst aber eine Frage zu berühren, die Isay[1]) aufgeworfen hat.

Isay hat die Frage gestellt, welchen Sätzen das Haftungsverhältnis unterworfen sei; er fordert in einer künftigen Gesetzgebung einen eigenen Abschnitt über Haftungsverhältnisse. Die Beantwortung der Frage scheint sich mir aus dem erörterten von selbst zu ergeben. Es ist festgestellt worden, in welchen Formen die Haftung im geltenden Recht vorkommt. Alle diese Formen aber sind auch von der Gesetzgebung unmittelbar geregelt und es ergeben sich so unmittelbar die für die Haftungsverhältnisse erforderlichen Normen.[2]) Ergänzt werden diese durch Folgerungen aus dem entwickelten Begriff der Haftung und dem Verhältnis zwischen Schuld und Haftung. So ersteht insbesondere der Satz, daß die konkrete Haftung untergeht, wenn die Schuld endigt. Für unzutreffend aber halte ich es, wenn Isay aus der Aufnahme der Bürgschaft im Recht der Schuldverhältnisse schließen will, daß auf die Haftung die Regeln des sogenannten allgemeinen Teils der Schuldverhältnisse anzuwenden seien. Dies wäre nur richtig, wenn der Gesetzgeber den Unterschied von Schuld und Haftung bewußt verwertet und die Haftung bewußt als Bürgschaft aufgefaßt hätte. Auch im einzelnen gelangt Isay so zu unrichtigen Ergebnissen. Wie soll eine Haftung durch Erfüllung, durch Hinterlegung enden?

Die systematische Bedeutung der Begriffe Schuld und Haftung erhellt durch eine einfache Nutzanwendung des schon Gesagten und

---

[1]) a. a. O. 206 ff.

[2]) Vgl. auch Strohal a. a. O. 296 ff.

läßt sich in den Satz zusammenfassen, daß alle Schuldverhältnisse und Haftungsverhältnisse in einem geschlossenen Teil des Systems zu vereinigen sind, das den Namen Obligationenrecht tragen kann, sogut wie den Namen Schuld- und Haftungsrecht. Die Durchführung im einzelnen wäre etwa nach dem folgenden Schema zu denken:

Teil I: Allgemeine Lehren.

1. Abschnitt: Grundlagen der Obligation.

§ 1. Die Schuld.

(Begriff: Bekommensollen; Leistensollen — Gläubiger; Schuldner — Schuld und Schuldverhältnis.)

§ 2. Die Haftung.

(Begriff: Einstehenmüssen, Genugtuung, Gebundenheit — Arten: Personenhaftung [sog. Vermögenshaftung], Sachhaftung.)

§ 3. Beziehungen von Schuld und Haftung.

(Kausalverhältnis; Schuld ohne Haftung — beschränkte Haftung; beschränkte Schuld — Gesamthaftung; Teilhaftung.)

2. Abschnitt: Die Schuld im Besonderen.

1. Kapitel: Entstehung der Schuld.

§ 4. Entstehung aus Rechtsgeschäft.

(Vertrag [auch Verträge zu Gunsten, zu Lasten Dritter] — einseitiges Rechtsgeschäft.)

§ 5. Entstehung aus Handlungen und Zuständen.

(Unerlaubte Handlungen — erlaubte Handlungen [z. B. §§ 867 904] — Zustände.)

2. Kapitel: Inhalt der Schuld.

§ 6. Regelfall.

(Leistung [§ 241] — rechtlich möglicher Leistungsgegenstand [§§ 306, 309, 310, 312, 315] — Gattungsschuld und Speziesschuld — Auslegungsregeln [z. B. §§ 256 ff.].)

§ 7. Wahlschuld und Bestimmungsschuld.

§ 8. Veränderung des Schuldinhalts.

(Objektiv: Wachsen und Minderung des Leistungsgegenstandes [Teilleistung, teilweise Unmöglichkeit, Zinsen] — subjektiv: Übertragung der Forderung, Schuldübernahme — prädikativ: Änderung von Leistungszeit und Leistungsort [Stundung].)

3. Kapitel: Untergang der Schuld.

§ 9. Erfüllung.

§ 10. Erfüllungssurrogate.

(Hinterlegung — Aufrechnung — Leistung an Erfüllungsstatt.)

3. Abschnitt: Die Haftung im Besonderen.

1. Kapitel: Inhalt und Erscheinungsformen der Haftung.

I. Personenhaftung.

II. Sachhaftung.

III. Veränderung und Wechsel der Haftungen.

2. Kapitel: Entstehung der Haftung.

Teil II: Einzelne Obligationen.

Das vorstehende System ist ein erster Versuch einer Systematisierung geltenden Rechts auf der Grundlage der Unterscheidung von Schuld und Haftung. Immerhin wird es die Richtung zu zeigen vermögen, in der der grundlegende Gedanke weiter systematisch ausgebaut werden kann. Es wird an innerer Kraft gewinnen, wenn im Einklang mit den Erörterungen dieses Vortrags der ganze zivilrechtliche Stoff berücksichtigt wird, nicht nur der im BGB. enthaltene. Doch wird zurzeit nur monographische Behandlung des Obligationenrechts so weit ausholen können und hier sollte ein auch in der Vorlesung über bürgerliches Recht verwendbares System der Schuldverhältnisse versucht werden. Auch bei der gegenwärtigen Stoffgliederung der Vorlesung über bürgerliches Recht wird aber dieses System der Vorlesung über Schuldverhältnisse zugrunde gelegt werden können, soferne man die Sachhaftung und bürgerliches Recht außerhalb des BGB. nur soweit kursorisch behandelt, als die Geschlossenheit des Systems es erfordert. Die näheren Erörterungen der dahin gehörigen Rechtsinstitute mögen dann der Vorlesung über Sachenrecht und Handelsrecht überlassen bleiben. Eine Monographie würde aber auch zur Bedeutung von Schuld und Haftung im internationalen Recht Stellung nehmen können und hier insbesondere für das Problem der Zuständigkeit von Vertragsschulden diese Begriffe verwerten können.[3])

---

[3]) Erst während der Korrektur dieses Bogens wurde ich auf eine Rezension der 2. Auflage von Brinz, Pandekten durch F. Hellmann in der KrVSchr. XXXVII (1895) aufmerksam. Dort bekennt sich F. Hellmann in ausführlicher Darlegung S. 67—71 als Anhänger der Unterscheidung von Schuld und Haftung und weist ihren praktischen Wert im modernen Recht an einem konkursrechtlichen Beispiel nach. Demgemäß wäre oben S. 5 zu Anm. 1 und 2 F. Hellmann nachzutragen. Gegenwärtig allerdings gehört F. Hellmann zu den entschiedensten Gegnern der Lehre. Dies ergab sich aus der auf meinen Vortrag folgenden Diskussion, worin er sogar äußerte, er habe den Eindruck, die ganze Sache sei nur „erfunden", um den Leuten die Köpfe anzufüllen. Ferner wäre nachzutragen zu Seite 5 Anm. 1 der bei Solmi angeführte, mir aber nicht zugänglich gewordene Pacchioni, Sul concetto dell' obbligazione in Studi in onore di Fr. Schupfer I, 203 ff., und hierzu Carusi, Sull concetto dell' obbligazione in Studi in onore die V. Scialoja I, 121 ff.; zu Anm. 2 ebenda Th. Loewenfeld bei Staudinger I, 10; zu Seite 38 Anm. 44 Linsmayer, Der Abandon in Zeitschr. f. Handelsrecht LIII.

Druck von Dr. Franz Paul Datterer & Co., Freising.

Kolibri 360 GmbH
Ferdinand-Jühlke-Straße 7
99095 Erfurt, Deutschland
produktsicherheit@kolibri360.de